WEALTHOLIC
投 資 上 癮

人氣 Podcast 節目 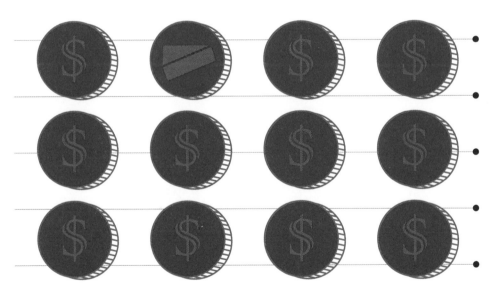 投資癮 製作人
教你突破交易心魔，設計自己的投資遊戲

簡瑋德 Wade——著

目錄 Contents

第4章 金融市場只有兩件事 —— 存錢與價差

━━━━━━━━━━━━━━━━━━━━━━ ■

你，
投資上癮了嗎？

━━━━━━━━━━━━━━━━━━━━━━━━━━━
■

　　這 30 年，我從傳統市場走到金融市場，一直都在市場裡。

　　多年前，我是一個剛進社會、領著基本薪資的金融從業人員，因為就學和工作的關係，前後考了 10 多張金融證照，對於金融理論有一定程度的了解，但實際接觸投資後發現，存錢和理財只能學會「節流」，無法徹底改變原來的生活，我從沒聽過有人因為節流而獲得大筆財富的，節流只是累積資產的其中一環，唯有找到開源的方式才有機會翻身。對於出身平凡的我來說，投資交易是我唯一的機會，我花了不少時間探索交易世界，最後找到了自己的交易邏輯。離職那年，我從原本的基層員工變成了公司的主要客戶之一，而後成為一名全職投資人，開啟了另一個

階段的交易之路。

　　當了多年的全職投資人，我曾經以為只要學好交易並持續累積資產就能過上更好的生活，但在離職之後發現，挑戰才正要開始。在全職交易的過程中，我碰過許多難題，尤其是金錢帶來的衝擊曾經使我在生活與投資之間搖擺，投資帳務裡的當日損益從一個便當、一台機車、一輛汽車，到後來是一間房子的震盪，金錢來得太快，使我脫離了原本的價值觀，並開始忽視健康，也不再自律，甚至一度瞧不起父母在傳統市場辛辛苦苦賺的銅板。在價值觀越來越偏差的情況下，心靈的充實感也一直無法跟上實際的財富，心逐漸變得空虛，不管是十萬、百萬、千萬都已無法讓自己的內心踏實，最終，這種錯誤的心態不但侵蝕我原本自律的生活，同時也造成了大筆的虧損，直到身體開始出現異狀，我才真正意識到自己的失敗。

　　經歷了一段整理思緒、回歸自律的日子，我重新定義了資產：原來資產除了金錢以外，還包括生活、健康、家人、成就等等。在釐清市場內與市場外的資產之後，我才再一次讓資金部位和操作策略恢復到原本、甚至更好的狀態。在那段低潮的日子裡，我時常告訴自己：「成長的過程中難免會失敗，但失敗只是一個過程，只有停下來才是

結束，如果繼續前進，就有可能成功。」**成功與失敗的定義，取決於你想要走到哪裡。**

　　2020 年 6 月，我決定創立「投資癮」這個品牌。其實在 2020 年以前，我從來沒想過要分享投資經驗，當時認為自己只是金融市場裡千千萬萬人之中的其中一人而已，一場新冠肺炎不只將我從國外趕回台灣，也觸發了幾十年沒再發生的美股熔斷機制，在各國政府積極量化政策之下，全球股市遇到了近十年來最熱的行情，吸引了更多人對股票市場的注意，增加不少年輕的投資人，自己也萌生了分享的念頭，期望能透過投資經驗的分享，讓聽眾與讀者在金融市場的路上少走一點冤枉路。投資癮的創立，想帶給聽眾和讀者的不是那種傳統的好形象，而是希望給這個社會一條實實在在的救命繩，讓投資低潮或人生迷惘的朋友不再孤單，我希望「投資癮」是一個「不一樣」的金融媒體。

　　這本書之所以取名為「投資上癮」是想告訴讀者，在生活中我們時常有特別熱衷的人事物，人生中有熱愛的事相當可貴，但如果過度投入，就很有可能侵蝕到原本生活的快樂，不管是遊戲癮、咖啡癮、菸癮、糖癮，甚至是可怕的毒癮，這些癮頭都是一點一滴累積而成的，而當你真

正意識到上癮時，通常已經太遲了。

　　投資癮，拿捏得好，可以改善你原來的生活，但如果拿捏得不好，很可能讓你陷入金錢與數字的深淵裡。我希望這本書能讓讀者在投資的路上找到能平衡生活與投資的方式，進而點綴你的生活，而不是墜入投資的癮頭。

　　我剛踏入職場時，曾經過度追逐過財富自由，但在累積資產的過程中，我發現財富自由的關鍵並不在於財富，而是自由。小時候每天一杯飲料是財富自由，就學後能在放學吃個點心也是財富自由，出了社會則是買了車買了房才算財富自由，隨著錢越賺越多，欲望的推升使得我們去追求更好的車或房，在物質主義的社會下，欲望永遠無法被滿足，而財富自由的終點也可能因此離我們越來越遠。

　　其實，在人生的旅途中沒有真正財富自由的終點，因為很多時候當你以為走到財富自由的終點時，可能只是另一個財富的起點，因此唯有控制自己的欲望才能真正讓自己獲得滿足，而所謂的財富才能真正伴隨著自由，生活是這樣，投資也是。

　　在人生這條路上，投資理財是無法避免的課題，不管是誰，一定都會需要面對「金錢」，隨著世代越來越進步，資訊流通相當迅速，也讓第一次接觸投資理財的年齡大幅

降低。為了解答因資訊發達而出現的許多雜亂資訊,我不斷梳理自己當營業員和全職投資時期,如何從自信、致富、自負,最後以自在的方式取得生活與投資的平衡,透過分享各階段的經驗與體悟,將自己在市場中起承轉合的經驗分成 9 個章節,希望能帶給讀者不一樣的投資思維。

最後,仍希望本書能夠帶給你一點穩定的力量,找到自己的投資定位,並設計屬於自己的投資遊戲。面對詭譎多變的金融世界,唯有「適時」地修正自己,才是不變的「事實」。

這個世界是這樣子的:當知道的越多,就會認為自己越渺小,我們都只是交易市場裡努力賺錢的其中一人,在你我的視野之外,還有更多難以想像的資產階級。但如果能對「金錢」的定義改觀,你將有截然不同的視野。

如果投資是一輩子的事,本書肯定有你不知道的事,我將用我的故事,跟你們分享最真實的股市。

歡迎來到投資癮,我是 Wade。

從市場學到的事
存錢、理財、投資到投機

「市場」是人們在固定時段或地點進行交易的場所，而交易場所是那些需要經常交換物品的人，為了降低搜尋成本而自然形成的，市場的「市」並非地點，而是指買賣交易的行為。

　　每個人對於商品價值的認知不同，因此人們會利用產權的轉移和交換從中獲取利潤，市場的定義很廣泛，不管是有形的還是無形的、大的還是小的，所有交易行為發生的地點都能統稱為市場。本章將會跟大家分享我從傳統市場走到金融市場的故事。

1-1

市場學到的買賣心態

　　我是在傳統市場裡長大的，母親在我還沒學會走路就背著我在市場裡買賣，當時聽著母親與客人的應對，對買賣產生很多疑惑，直到懂事之後學會幫母親記帳、學會如何計算成本與獲利之間的差額以及跟客戶討價還價，才發現很多都是能應用在交易市場的技能與投資心理學。

「話題性」才是關鍵

　　小時候在傳統市場時常看到母親在「罵」客人，但奇怪的是越罵他們反而買越多，這跟從小認知的「服務至上」有很大的不同，最令人不解的是，這些時常被罵的客戶，最後都會變成老客戶或大客戶。而在交易市場中，一間公司是否能上漲，除了公司本身的發展性以外，最重要的是

市場的熱度，有時候一間公司財報的好壞不一定是價格變動的最大因素，「話題性」才是關鍵。很多人會有疑問：「明明財報很差，但為什麼價格卻是上漲的？」在交易市場中只要參雜了數字以外的人事物，就無法單以財報去解釋股價。舉例來說，體質不好的股票可能因為此刻的好行情而被帶動上漲，或是公司即使有最新的發展，獲利也可能是多年後才反應，還有更多被罵的公司是因為特定主力在琢磨，才使得股價快速推升，也因為這些無法在當下解釋的因素才讓交易市場考倒了不少優秀的投資人。

有時候會發現多數投資人在「罵」的公司，股價上升的速度反而越快，這也是我在市場裡學的第一件事：如果一家公司要受到資金的青睞，首先要先被人**注意**，這樣才能最快得到掌聲或笑聲。

交易就是妥協遊戲

在傳統市場的日子裡，我常聽到母親跟客人說一句話：「要買就買，不買離開。」當客人發現原本「花錢是老大」的預期感竟被對方忽視時，就會對這項商品燃起更大的欲望，也就願意付出更大、更多的代價去換取這種心理的滿足感。

　　後來認知到這是母親自己在傳統市場裡的買賣風格，就像是每個投資人在股票市場中各有各的投資風格一樣。母親的關鍵優勢在於她總是能比客人更願意放棄這筆買賣，也因為這種欲擒故縱的心理遊戲，讓我在傳統市場裡學到第二件事：只要是買賣就會是一個誰先妥協的交易遊戲，而先妥協的通常會處在相對劣勢。

　　在交易市場保持耐心，會使投資人在這場妥協遊戲中取得優勢，急著去妥協的投資人則很可能會在股價急升時去追逐當下的情緒，直到冷靜下來才發現價格已處在所謂的極端值或一不小心將資金一次投入，而當手上沒有多餘的籌碼去跟市場上其他投資人談判時，就會同時失去耐心與信心。

　　在交易市場裡，時常會遇到錯過的交易，當錯過了一個時機點時，你可以選擇耐心等到價格回到自己的甜蜜位置或直接放棄這筆交易，不需要為了彌補過去的錯失，在此刻做出一個心急的決定。在買賣行為中，心急的人容易付出較大的代價去促成買賣的成交，但如果能選擇放棄之後再去做一個**新的決定**，才有機會理性地重新思考當下的各種狀況。我們時常傾向去解釋如果沒買到會錯失多少獲利，而習慣性地忽略看錯時的損失，所以當我們放棄一筆

交易時，應該客觀評估各種可能發生的風險，這樣當價格真的不如預期時，你會感謝自己冷靜的決定，但這樣的情況下投資人願不願意勇敢放棄這一筆交易，並將這份心力花在找尋更好的投資機會，這就是所謂的「捨得」，而有捨才可能有得。

隨時保持談判的籌碼

不管是商業還是交易，投資人都該做好一定的風險分散，在商業行為中稱為多角化經營，在交易市場中稱為容錯率，而在這裡統稱為談判的籌碼。

在商業行為中，即使目前的單一事業呈現快速成長的趨勢，也不能保證未來的世代交替不會讓這些產品銷聲匿跡，像是過去馬車被汽車取代、CD 光碟片被隨身碟取代、高速公路收費站被電子 ETC 取代、過去超級電腦的處理能力也被現在小小的智慧型手機所超越。雖然製造這些商品的公司，都是屬於那個年代的領先企業，但如果過度將期望押注在單一產品上，很可能成為時代的眼淚。

在投資行為中，我們會運用資產配置的概念去分散風險，投資人可能會將資金分配在現金、債券、保險、股票、基金、房地產等等的金融商品，去避免某項金融商品比重

過大或者出現極端值風險時造成整體淨值下滑得太快。

在交易市場做每一筆交易時，都會為了後續的調整而預留一些現金，也能讓容錯率提高，而容錯率的高低會影響我們後續的交易行為。

假設投資人看好單一標的，投入總資產 10% 的資金，即使該標的下跌 40% 也只會影響我們總資金的 4%，這樣的做法除了分散風險之外，多餘的資金也能讓我們在價格和部位上做出更多的調整，若價格在未來持續下跌，投資人理性認為該公司依然有競爭力時，就可以使用剩下 90% 的閒置資金買入，以外人看來會認為是**加碼攤平**的行為，但在容錯率高的情況之下，這樣的交易行為是可行的。

保有現金這件事時常會被忽略，因為當投資人看到價格上升太快時，會擔心自己沒買到或買不夠多，於是在這樣的情況下忽略成本以及風險的考量，情緒化地將現有的資金一次買入，並期待著價格持續上升的喜悅。這樣的交易行為只要發生一次，就極有可能造成很大的損失，當持有過多的部位時，價格與帳務的震盪會超過投資人原本的預期範圍，使投資人對不如預期的價格沒有應變的空間。

用另外一個角度來討論容錯率的概念，我們將一個水杯裡的空間當作每個投資人可操作的總資金，而水杯裡面

的水是已投入的資金,當市場行情不如預期時,就像遇到地震一樣,若水杯過滿,小小的震盪就可能讓你損失重大,但若能讓水杯保有一定的空間,出現震盪時就能盡量不讓水溢出來,而這個水與水杯之間的空間,我們稱為容錯率。

在我的交易生涯中,**隨時保持資金**是一個非常重要的概念,在交易時保有一定的容錯空間,能把交易市場中那些不如預期的震盪考量在內,也因此總能讓我在實際交易與心態上擁有滿意的結果。

水杯容錯率

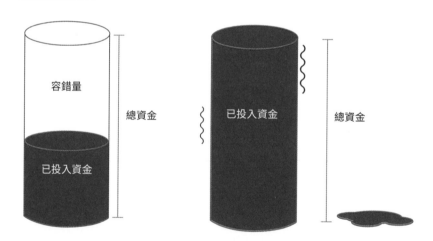

當市場價格不如預期,就像桌面上的水杯遇到地震一樣,若水杯過滿,小小的震盪就可能讓你損失重大,但若能讓水杯保有一定的空間,就能盡量不讓水溢出來,這樣的情況不管在心態上還是資產上都能讓投資人對市場價格的震盪有更大的容錯空間。

時機的重要性

在交易市場中，何時進場會影響投資人對於市場的認知與發展，有些人剛進入股市就遇到高點，有些人則在剛開戶時就在股災的終點，在高點被折磨的投資人在未來會覺得股票危險讓人不敢恭維，而幸運搭上股市行情的投資人則較容易輕忽股市的風險。

還記得我的第一份工作是幫母親賣衣服，從賣衣服中抽成賺取零用金，當時薄外套一件進貨成本只要 60 元，但在傳統市場可以賣到 100 元，母親讓我抽 10 元，她自己可以賺 30 元，扣掉必要開銷後可能賺 20 元，而當時在市場裡沒有人有相同的商品與價格，也就是說，這項商品在當時是有獨特性的。這項商品因為價格便宜、顏色選擇多，很多客人一次就買好幾件，甚至還有看我年紀小就懂得來幫忙而多買幾件的客人。那陣子只要進多少就能賣多少，甚至有人買來轉賣，經過一手、二手、三手的價格，最後看到有人賣相同的東西但價格來到 490 元，而最初的成本只要 60 元。

當產品在某個市場為獨占（指該產品只有一家生產且沒有近似替代品）或寡占（指該產品被少數幾家生產者壟斷且相互牽制）時，場外的人如發現該商品有獲利空間，

也會跟著去創造供給，在需求不變而供給增加的情況下，需求者有了多種選擇，供給者也會以降價作為競爭力，最後市場價格可能回到原本的樣貌。

　　當越來越多人發現薄外套的商機之後，市場開始出現第二家、第三家、第四家賣相同的商品，獲利空間完全被壓縮，我們家的生意開始下滑，當時母親只淡淡地跟我說「差不多了」，並完全收手不再進貨，因為對一個有經驗的老手來說這類狀況不是第一次發生，也不會是最後一次，母親就像是交易市場中的老手一樣，懂得適時地收手，不執著過去帶來的獲利，將心思專注於其他商品以及找尋未來的商機，認為沒必要花多餘的時間與精神去追逐大家正在追逐的，在交易市場中，這就是對股價的起落抱持著平常心看待。

　　在交易市場裡，懂得退場是一門學問，許多投資人容易陷入過去「這樣買賣股票能賺錢」的思維裡，或者認為某間公司過去都獲利，未來股價也一定能上漲的直線思考之中，當陷入這種錯誤思維時，容易在股價不如預期時不肯退場或停損，執意跟某支下跌中的股票相守一生，將原本能靈活運用的資金全賭在過去的回憶裡。

　　其實像母親這樣能理性退場的人並不常見，退場的時

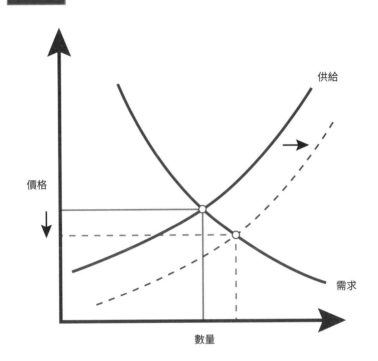

依照經濟學的供需模型，在需求不變的情況下，短期間供給增加時，就像是股票市場短期的賣壓，此時價格會跟著下跌。

機點也不好找，在交易市場裡有時也是需要天時地利人和的時機點。我們無法預測未來，唯一可以做的就是隨時將自己準備好，當好時機出現，自然就不會躊躇不前。

　　市場的好時機不常有，但如果運氣不好在壞時機進來

的投資人也不要感到沮喪，因為如果連壞行情都能應對的話，在未來遇到真正的好行情自然能比他人多一點優勢，也更懂得如何去面對與處理。在交易市場裡，我們不需要遙遙領先，在對的時候領先別人一小步，就會是投資市場的一大步。

一個買進的理由

在經歷薄外套的熱潮之後，銷售量大量下滑，頓時之間我的 10 元收入來源消失了，但我母親不會理我有沒有零用錢，因為以她的角度來說，薄外套只是她收入的其中一項而已，而對我來說卻是我的全部。

後來，在沒有收入的情況下，我把注意力轉移到了其他攤販的身上，我心想：只要找到類似的簡單商品，一樣能達到賺價差的效果。最後我找到了附近賣水果的阿伯。

第一次買賣水果的我，當然也遇到一些令人不解的事，最常被客人問的一句話就是：「這個水果甜嗎？」

第一次聽到時我根本不知所措，充滿疑惑地問自己：「我沒有吃過眼前的水果，怎麼會知道甜不甜？即使上一顆很甜，也不代表下一顆是甜的，如果真的要我確認的話，我必須咬一口才能知道，但咬過的水果就無法賣了。」有

趣的是，這句話並不是特例，而是每天都會有不同的客人問相同的話。

　　有一次被客人問的時候，那位老闆直接回答「保證好吃，不好吃不要錢」，因為不會有人真的因為不好吃而不給錢，以心理角度來說，客人問這種問題也不是要你回答是非題，單純只是想給自己一個買入的理由而已，同時也讓自己有一個依託的對象，這樣假如回家吃了水果覺得不甜，也可以安慰自己是老闆挑的，並不是自己選的，這時候責任就可以歸咎於攤販而不是自己的選擇。

　　這很像市場裡許多投資人都期望從別人口中得到一個標準答案，但我們無法在短時間內得知投資人全部的狀況，在不了解的情況下貿然跟著買賣，自然會有非常大的風險。

　　在那之後，為了讓水果賣得更好，我也學老闆一律回答「水果很甜」，其實這樣回答只是為了讓這筆交易更快成交罷了，在這句話說出口的同時，彼此的心底都已經有答案了。

　　後來，我發現交易市場也有一樣的事情發生。例如當自己還是營業員時，客人總是會問這支股票會不會漲，這就跟問水果甜不甜是一樣的，大家都想獲利，但也都害怕

自己做決定，更擔心損失後要承擔的責任。然而，如果總是將責任歸咎於他人身上，投資人會永遠找不到交易的踏實感，而且更重要的是，沒有人可以保證價格會上漲還是下跌。

許多投資人喜歡追著營業員、分析師以及所謂的專家詢問標準答案，這或許跟從小到大受到填鴨式的教學有關，以為每個題目都會有對應的單一解答，但交易市場不是是非題或填充題，而是申論題，你必須自己寫，接著交易市場會用損益告訴你得到多少分，而且只有你自己能為自己得分。

為自己打分數

如果給你三張考卷做選擇，三張考卷的難易度都不同，但差別是：最簡單的考卷滿分是 60 分，普通的考卷滿分是 80 分，最難的考卷滿分是 120 分，你會選擇哪一張呢？選擇的理由是什麼？

其實這就像是在交易市場裡一樣，每位投資人依各自風險屬性的不同，選擇的交易方式也不一樣。保守偏好者會希望自己能拿 60 分，寫寫簡單的考卷，穩穩過關就好，這類型的投資人就適合存錢、定存、買儲蓄險等等的理財

規畫，不需要了解太複雜的商品，只要按部就班就好。

平衡型投資人則會希望給自己一點點挑戰，選擇 80 分的考卷，這時候就需要多一點財務知識，從股票、債券、基金、原物料等等商品下手，這類型的投資人需要下一點工夫才能得到相對應的報酬。

最後一類是風險愛好者，他們會選擇 120 分的考卷，願意挑戰難度較高的題目，在交易市場裡，這類型的投資人會為了挑戰更高的報酬，甚至是極端的報酬，而去使用衍生性金融商品，但同時他們也要接受超出預期的損失與利益。

要使用什麼樣的金融商品，其實沒有人可以幫你決定，投資人必須先問問自己想要寫幾分的考卷。在投資的路上，每個人要求的分數不同，有些人想穩定過日子，有些人想對抗通膨，有些人想要極大的財富，但這三種選擇的背後，在未來都有需要解決的問題和相對應的風險，所以投資前應該先問問自己：你想得幾分？

* * *

在傳統市場裡，各式各樣的人來來往往，好比交易市場裡各式各樣的投資人，每一個市場中都存在著各種合理或不合理的交易行為，而進入交易市場前，投資人應該先

釐清自己想要的報酬及願意承擔的風險之後再去交易。買
股票一點都不難,有錢交割就可以,但要如何在市場裡生
存,進而學會好好生活,將是踏入交易市場後的挑戰,這
也是市場教會我的事。

1-2

從傳統市場到交易市場

　　許多投資人容易有「跟隨他人」的習慣，然而，在交易市場裡，每個人都該設計屬於自己的投資遊戲，畢竟每個人的出生、環境、價值觀、收入、財務知識、風險愛好以及個性都不同，而且在交易市場中的每個關卡都有「當時的自己」必須解決的問題。交易市場最有趣的地方就在於，不管你的資產水準在哪個階段，到了交易世界裡，如果沒做好資金控管，絕對會讓你對金錢的想像徹底改觀。

　　以我自己的出生環境來說，如果出生富裕，或許累積金錢的速度會比想像中快很多，但也可能因此對金錢沒這麼大的渴望，一輩子對金錢興致缺缺，但就因為自己沒有那個條件，也讓我更在乎交易上每一塊錢的成本。

　　因為自己的成長背景，在資金很少的情況下必須從最基本的存錢開始，當時就認知到在沒有本金的情況下學會

多厲害的交易都沒用，因為本金的大小也會影響操作方式，所以最基本也最乏味的第一步就是要先累積資產，並在累積的過程中了解各式商品的優劣，接著再慢慢接觸投資，了解市場的真實狀況，感受金錢不同的定義，最後才有可能進到投機領域。

對抗物質主義的誘惑

在初期沒有資金的情況下必須從存錢開始，因為沒有資金就無法做任何事情，而資金沒有達到一定的程度，有再高的報酬也沒有意義。舉例來說，你用 10 萬元去投資，花了很多時間研究，最後獲利 40% 也就 4 萬元，這樣的獲利金額或許能當作額外的零用錢或旅遊基金，但對於改善原來生活的幫助並不大。因此對於沒本金的投資人而言，應該把注意力放在本業上面，並將多餘的時間拿來精進自己，將重心放在累積資產而不是過度交易。

當你走過存錢這個階段後，在你投資生涯的後期對於自律會有很大的幫助，培養存錢的心境，能使你在未來得到更多的金錢時能抵抗物質的誘惑，因為當你的財富累積到某個階段，很容易因為今天獲利的金額比預期的還要多而胡亂揮霍，所以這時期的投資人如果好好學會如何對抗

物質的誘惑，往後就可以在最後一個階段（投機）更加得心應手。

　　存錢這個階段需要一點「堅持」，新鮮人可以設定一個適合的金額去實踐，到達之後再試著去下一個階段，但請一定要設定一個可達到的目標，不要將目標設定太遙遠，盡量在 5 年之內結束，並提醒自己必須利用這 5 年的時間好好增加自己本業的能力，且不要過度預期未來收入會多少，就跟投資股票一樣，不要去預設獲利的金額，因為一旦預設了天花板，就只值這麼多了。總之在這階段的新鮮人，好好存錢，並開始為下一個階段做準備。

了解基本的常識

　　在理財的階段，應該要慢慢釐清有關交易市場的事，並以基礎的資產配置為首要目標，盡量了解金融商品的理論，包含股票、基金、外匯、債券、保險等等，不過投資人要知道，理論與實際還是有很大的差異。

　　那為什麼還要學理論？

　　因為如果能在投資之前把基礎的理論釐清，在未來實際交易前信心就會更多一些，曾經所學的財務知識也往往會在投資的關鍵時刻奏效，在某個重要時刻擁有一個說服

自己的理由。

在這個階段，投資人會對許多金融商品充滿好奇，會試圖找尋最有效率的投資方式，而最後你會發現所有金融商品的風險與報酬是成正比的，這樣的 FQ（Financial Quotient）建立起來之後，未來如果發現某項商品報酬很高卻找不太到風險時，就會特別警惕自己天底下沒這麼好的事，一定有什麼東西自己沒有發現。

總之，這個階段除了建立起良好的 FQ，以便未來可以保護自己之外，也要學會做好「資產配置」，有了清楚的配置觀念，就像是做好財務防守一樣，在球場上有一句話是這麼說的，「最好的進攻，就是防守」，當板凳球員尚未踏入球場時勢必無法預測自己場上的進攻表現，但防守的能力將會是你上場前最強大的定心丸。

認識真實的市場

在上一個紙上談兵的階段過後，將會真正進入到投資的領域，並開始感受到的價格波動帶來的情緒。在這個階段的投資人，不能賴皮、不能妥協，不能重來，不能鬧脾氣，這個無情但卻真實的市場不是虛擬遊戲，而是真正的交易市場。

　　我們會感受到黑暗面，數字很誠實也很無情，不管資金是 6 位數、7 位數、8 位數、9 位數，甚至 10 位數以上的投資人，只要「開始」投資之後，你會發現數字跟你原本想像的不太一樣，因此寧願使用較小比例的資金去實踐真正的投資，也不要將過多的時間用來做虛擬交易，虛擬交易很有可能讓投資人無法慎重地看待金錢這件事，它會有「錯誤可以重來」的僥倖心態。如果將虛擬交易養成的壞習慣帶入真實的交易世界，很有可能會讓投資人在實際市場上碰到無法承擔的後果。

　　在真實交易市場中，投資人遇到虧損時會得到教訓並有所警惕，會印象深刻並想辦法去修正，也會在發生僥倖行為的瞬間立下沉重的誓約，不再犯下相同的錯。

　　在此階段我們也會發現實際的交易市場與過往讀過的理論不同。舉例來說，多數人認為風險的大小是股票＞基金＞保險，但實際上你如果買的是權值比重高的牛皮股或炒作用的小型股，風險會完全不同。在基金上你如果選擇的是單一國家、單一產業的類型，和分布全球的基金也會不同。另外假設你的保險買的是投資型保單，這類經包裝後的金融商品風險可能也會不小。在推陳出新的金融商品之中，投資人容易被包裝後的商品誤導，這也是實際投資

人需要去釐清的，而在實際的股票市場中還有所謂的「流動性風險」，單一個股的成交量將會影響短期價格的震幅。以上諸多的狀況都是「實際市場」才會碰到的事情，我們將在後面的章節一一探討。

天馬行空的交易

　　一般來說，大多數的投資人只要到投資階段就可以了，投機階段的過度短線交易必須承受細碎的選擇與決定，在人性這個部分更是相對煎熬，一不小心極有可能影響生活。不過如果投資人是從以上幾個階段累積而來的，那在投機階段的心態上就會健康許多，但投機這件事有時無法用文字或數字解釋，很多時候都是一種「感覺」，就像許多大師級的畫家在畫圖時，無法解釋的每個細節，從哪裡下筆、色調怎麼用、筆觸的輕重等等，這些都是當下決定的，每一個作畫的過程都奠基在過去累積的種種，這是畫家對於藝術熱情與執著的一種表現，更是一種特色。

　　每個畫家就像是每個投機者，都有屬於自己的風格，且對於投機的定義也大不同，對於全職投資人來說，這就像創業一樣，需要在交易的同時享受其中的樂趣。

交易的 4 個階段

存錢	理財	投資	投機
以存錢為首要目標，並且培養自身主業的能力，將重心放在累積資產，而非過度交易。	學習資產配置，並開始釐清各項金融商品的差異。接觸商品較多為低風險商品，如基金、外匯、債券、儲蓄險等。	進入到真實的交易市場，實際應用前一階段所學的理論，並開始依照市場的實際狀況修正調整。	對投資有一定的經驗，為了提高績效賺取短期的價差，願意承擔更高的風險，開始使用衍生性金融商品如融資券、期貨、權證及選擇權等。

　　投資人要從哪個階段開始，跟出身背景和成長環境有很大的關係，例如出身富裕的人可以直接從投資開始，因為家中的資產已足夠讓他不需要為了生存煩惱，投資或投機對他來說只是尋求更大的**報酬**。但對於一般人來說，能選擇的方式就較少，保守長久型可能從存錢開始，風險愛好者可能會從投機開始，但重要的是先了解自己處在哪個階段。

遲早要面對，不如現在開始

　　自己在剛踏入社會的時候，有好幾年領的都是最低基本薪資，當時的自己在社會上取得金錢的能力相對較差，也因為這樣，讓我決定走向全職投資人這條路。由於取得金錢的效率較差，放棄上班族的薪水時，比較出來的機會成本相對較小，最大的成本可能就是時間流逝。

　　在小資族階段，我為了讓自己學會自律，將每個月的

薪水買入 14000 元的儲蓄型保險，這樣 6 年後將能存到 100 萬元的資金，為的是給自己 6 年時間好好學習交易，但如果連一個月 14000 元都沒有辦法負擔，就該好好加強本業能力。這算是我第一個接觸交易市場的商品，6 年之後它到期的那天，我看著這張保單，回想過去 6 年的全職交易生活，那段日子是一連串累積經驗的過程，雖然第一塊敲門磚是「存錢」，而不是多偉大的策略，但一個單純的想法開啟了我的交易之路。存錢是枯燥乏味的，但其中隱藏著無數個堅持與考驗，因此這張保單的意義對我來說非常不同，它是我人生中的一個里程碑，一份悸動。

這 6 年的交易生涯，多次當日損益達到百萬，這是當年自己從來沒想過的，在交易市場裡有很多人都想要一夜致富，但對我來說「緩慢致富」才是更重要的事。回頭看看這些日子會發現，當我出現想要一夜致富的念頭時，自然也必須承擔一夜失富的風險，「存錢」這兩個簡單的字背後是無數個「堅持」的日子，並使你在未來交易的每一個瞬間能夠抵抗各種雜訊的誘惑。

交易生涯的 4 階段，從抗拒誘惑的存錢階段，到了解理論的資產配置，進而到實際的交易市場，最後再到投機的藝術階段，前三部分應該是多數人一輩子有可能會接觸

到的，因為我們活在這個世代，有生之年都離不開「金錢」，舉凡整體金融環境、物價膨脹的問題，到生活中的求學階段、自立生活、買車買房、成家立業等等，都跳脫不開金錢這件事，那麼，既然知道總有一天要面對金錢，不如現在開始面對。

本章重點

---

1. 在交易市場裡，錯過一個交易時機點，你可以選擇耐心等到價格回到自己設定的位置，或直接放棄這筆交易，不需為了彌補過去的錯失而在此刻做出一個著急的決定。

2. 投資的路上，每個人要求的分數不同，在不同選擇的背後，未來都有需要解決的問題以及相對應的風險，所以投資前應該先問問自己：你想得幾分？

3. 資產水位都是累積上去的，從抗拒誘惑的存錢階段，到了解理論的資產配置，再到實際的投資市場，最後是投機的藝術階段，我們活在這個世代，有生之年都離不開「金錢」這件事。而且很多人想一夜致富，但「緩慢致富」其實更重要。

學校無法教的事

投資沒有標準答案

就學時期的自己時常會提出很多為什麼，然而教科書上往往都只有一個標準答案，所以對於書中的解答總是留下不少疑惑，也因為不習慣學校裡填鴨式教育，在好奇心的促使之下，為了找尋更多的答案，時常做出許多大人不解的事，但即使可能被處罰也無法阻止我的好奇心，持續挑戰大人們的底線。幸好，最後還是順利完成了學業，現在回頭看才發現，就是因為好奇心才讓我一股腦地投入千變萬化的交易市場。

2-1

很多事情是沒有解答的

　　在過去的交易生涯，為了滿足好奇心，我曾追求過所謂的交易聖杯，且認為所有考題的空白處都該有一個標準答案，但當進入交易市場後才發現，過度追求答案可能讓人連問題都找不到。

　　就學時期，我發現只有解決考卷上的問題才能符合大人們心目中的標準，也因為這樣，讓我這類型的孩子看起來越來越不標準，而當時我最快樂的時光就是在球場上的每一刻，因為在教室裡我們一直被逼著找尋設定好的標準答案，但在籃球場上，唯一需要的就只有好好燃燒熱情。我們可能花了一輩子追求框架中的標準答案，走到最後卻發現是無解，發現世上沒有一套標準公式能套用在每個人身上。

無辜的代罪羔羊

2018 年 NBA 總冠軍賽的第一場關鍵比賽，終場前 4 秒鐘 J.R.Smith 出現一個非侵略性的關鍵失誤，使得這場比賽進入了延長賽，最終以 114 分比 124 分輸給勇士隊，因這個關鍵失誤使得騎士隊的球迷、球評都指責這名球員，甚至在電視螢幕上怒罵他不會打球，但當年 J.R.Smith 手上拿的是 4 年 5700 萬美元的合約，換算成台幣約 17.1 億，年薪約 4.275 億元。

當我們透過電視螢幕觀看一場精彩的球賽時，也時常會對那些千萬年薪的球星下無謂的指導棋，希望別人能照著自己的意思走，但卻容易忘記這些被我們指導的都是那個領域最優秀的人之一。多數投資人經常看著股市預測家指著一家公司說他的做法應該如何，或是猜測公司老闆的意圖與判斷，甚至用篤定的口吻預判價格走勢，久而久之，也讓許多投資人誤認為預測是一件正常的事，因此只要遇到股價不好就怪罪老闆的決策，而不是檢討自己的交易並接受股價的下跌。我們不該把股價的不如預期怪罪於他人身上，交易這件事必須要尊重價格、尊重老闆，而不是找一個無辜的代罪羔羊來逃避問題。

盤感就像幽默感

　　關於「盤感」這件事，有人認為是天生的，有人認為是訓練而來的，甚至有人認為是假的。這就和球員一樣，有些人在球場上能表現出相當程度的球感，不管在運球還是高難度的出手動作都是，而我認為球感的背後是透過大量練習而來的。

　　NBA 的球員 Kyrie Irving 有著華麗且流暢的控球能力，他在學生時期練球時，將球放置在塑膠袋中練習運球，讓它更滑且有著更不規則的反彈節奏，利用這種方式增加訓練難度進而提升自己的控球能力，這樣長久的訓練也造就了他的「球感」。

　　盤感這件事也是，需要透過大量的交易來訓練，但也必須說，即使擁有絕佳的球感也不能保證每一次運球都不會被抄截，而即使擁有所謂的盤感，也不代表每一次交易都能看對，僅僅是對於數字多了一些敏銳度。

　　那這樣的話，是不是只要透過大量練習交易就一定能有盤感了呢？

　　其實也不然，因為盤感就像是幽默感一樣無法強求，也無法量化，大家身邊總會有天生具備喜感的人，幽默在他身上就像喝水般自然，一樣的梗或笑話用在不同人身上

會有截然不同的效果，我們無法因背誦整本笑話全集就成為一位幽默大師，自然也很難透過大量交易而獲得百分之百的勝率。

交易市場中的氛圍

籃球是一個團隊的運動，規則是每次上場時需要有 5 位先發球員，比賽的焦點都會在他們身上，但除了球員的防守、默契、態度、籃板、抄截、關鍵球會影響比賽勝負之外，場下的教練、候補球員以及球迷其實也都與勝負環環相扣。

除了可以用比分猜測勝負之外，球場的氣勢更加有趣，老球粉看球賽時，總是能感受到當下的氣勢在哪一隊，不過有時跟幾個沒在看籃球的朋友一起觀看時，他們會完全看不懂氣勢在哪邊。有時候分數差很多，但老球粉覺得還有希望逆轉，而有時分數只差一點點，可是能明顯感受到這場球賽已經結束了。這其中關鍵的因素就是整場比賽的氣勢偏向哪一方。

球場氣勢就像是股市中的氛圍，在我過去的交易經驗中，市場的氛圍會是大多數投資人想法的總和，在市場價格上漲的情況下搭配新聞訊息和營收財報等等的觀察，會

讓我感受到目前市場的氛圍是「好」的；有時候多數投資人看壞，以及其他外界因素影響和股價的劇烈震盪，會讓我感覺目前市場氛圍是「壞」的，不過這些市場氛圍的判斷很難完整用數字或文字表達。在我剛開始交易時也能感受到這樣的股市氛圍，但因持有個股的關係，想法變得太過於主觀，即使價格下跌也選擇不去直視它，等到有了更多的經驗之後，才學著客觀地依市場氛圍去做決定。所以這件事並不特別，我相信多數投資人都知道，差別在於願不願意承認這件事。

投資人時常在買了某支股票之後，會不斷利用各種資訊支持心中所期望的方向，但也因此容易忽略真正的價格走勢。假設股價開始下跌，我們應該要試著丟棄那些過往只為了上漲趨勢解釋的理由，而開始找尋可能沒注意到的因素，並試著思考是不是誤解了市場行情，以避免利用過去的心態去解釋錯誤的方向。

我認為遇到這種狀況，**最好的辦法就是：站在場外看。**

球隊中對分數最沒有貢獻，但卻最重要的人就是「教練」，教練的意義除了負責平日的訓練之外，在比賽中最重要的任務就是站在場外，以較客觀的角度去判讀球場的細微變化，針對防守、籃板、抄截、氣勢去控場，適時在

關鍵時刻叫出暫停,把對方的氣勢打斷之後讓球員冷靜並給出方向,讓混亂中的球員達成共識,再重新回到場上。

在交易市場裡,多數投資人容易過度解讀某一項指標,這會讓投資人陷入投資盲點。事實上,應該先以客觀的角度去檢視財報,主觀的角度去看待技術面、籌碼面,接著宏觀地觀察題材面與新聞面。若在其中調整了對於某項指標的看法,就應該觀察價格是否如預期,當發現調整無效時,再不斷修正調整,盡量在有限的時間內調整出對損益有利的方向,而最終的損益,就會是這段投資中不斷調整和加總的成果,但如果一直無法客觀檢視,最好的辦法就是保留多一點的現金,讓自己像個教練一樣,站在場外看。

成為一個好球員

在球場上我們時常會看到明星球員做出高難度動作或關鍵的決定,這些都是在瞬間做出的選擇,一個轉身、一個後仰、一個華麗的灌籃動作,球員本身無法解釋當下的行為,這些都是過去累積的經驗使他在無意間做出的正確判斷。

這就像在交易市場一樣,時常會有一些原本不被重視

的訊息讓投資人做出重要的改變，比如在交易市場上看美元指數想到銀行類股，看原油價格的漲跌會聯想到塑化、能源、紡織等等的類股，有時看到 A 股想到 B 股，想到 B 股就會連結到另一個產業，或是想到產業的背後有哪些上下游廠商，甚至有些相關公司是同一個老闆，進而推估可能的行情走勢。這些訊息的判讀與運用，都是投資人的經驗與練習累積而來的。

許多投資人在交易時容易被他人影響或過度模仿他人的交易行為，但卻忽略了背後的經驗與自律，有些事情別人做得到，不一定能套用在自己身上，就像在球場上一樣，我們如果做了超出自己能力的高難度動作，換來的不一定是掌聲而是教練的罵聲，甚至一個不小心摔了個跤還可能造成永久性傷害，反而得不償失。在投資前我們應該以了解自己為根本，參考他人為輔助，再透過實際的經驗與練習成為球場上的一名好球員。

學校沒教的金錢與性愛

成年之後的我們漸漸對金錢與性愛產生好奇，每個人好奇的時間點不同，但遲早會發生。

亞 伯 拉 罕 · 馬 斯 洛（Abraham Harold Maslow，

1908 ～ 1970） 在《 動 機 與 人 格 》（*Motivation and Personality*）一書中提出，人有許多複雜的需求，按其優先順序可以排成階梯式的層次，依序包括生理需求、安全需求、社交需求、尊重需求和自我實現需求等 5 類。第一個層級「生理需求」中包含飢、渴、衣、住、性等方面的需求，如果這些需求得不到滿足，人類在基本生存上就會出狀況，但當這些需求被滿足後，就不再成為激勵因素，也就是說，當滿足以上需求，在正常情況下人類會處在一個同溫層內，而只要稍微剝奪原本的要素就會引發過度的情緒。

性與金錢這兩件事情對多數人來說就像是基本需求，可是我們卻很少在就學時期學到，因為它們對於每個人來說都有不同的渴望程度與意義，很難將過去的分析與研究結果寫進教科書中，受測者也可能會隱瞞，因此統計後會發現誤差值偏大，而且相對保守的亞洲人對於金錢與性愛的看法與西方人有很大的不同。不過，自古以來，性愛與金錢都是人類欲望的起源，人類時常會因為這兩件事做出我們從沒想過的瘋狂行為，因此也是許多紛爭的開端。

投資癮筆記 ▉▉▉▉▉▉▉▉▉▉▉▉▉▉▉▉▉▉▉▉▉▉ ◻

德國股神安德烈·科斯托蘭尼（André Kostolany）曾說：
「對於金錢，我們必須愛錢，但卻要跟金錢保持距離。」

2-2

書中的黃金

　　大學時期，我認為只要把經濟這門科目學好並了解其中奧妙，未來就能更輕鬆地建立經濟基礎，因此花了不少時間去證明背後的涵義，直到開始交易之後，才發現當年所學的理論公式僅僅是為了更快計算標準答案而已，在真正的交易市場中，沒有公式可以讓我們套用，也無法「假設其他條件不變」，因此理論與實際還是有很大的區別。換個角度想，籃球員本身也不一定學過物理學、生物學，但卻能在籃球場上高機率地命中籃框，反觀一些物理學教授卻無法在球場上精準把球投進籃框。

　　在交易市場中，儘管每個世代、每個時期都會有屬於當時的做法，但可以發現到曾經在教科書中讀到的某些觀念可以跟實際的交易相呼應，以下透過 5 個理論與真實交易市場的結合來分享。

一隻看不見的手：新聞面

「看不見的手」（invisible hand）出自經濟學之父亞當・斯密（Adam Smith）所著的《國富論》（*The Wealth of Nations*），主要是說明當人們在追求私利時，即使沒有政府的干預，也會有一隻看不見的手在引導，在不自覺中達到公共利益。後來大多被用來表示資本主義的完全競爭模式，而這種完全競爭是指不受任何阻礙及干擾的市場結構，完全依靠市場的自由機制來自行配置調和。

在交易市場中，我們時常可以感受到這隻看不見的手。台灣是全世界少數能在盤後看到買賣分點的國家，許多人會利用盤後資料或主力分點去推估未來價格走勢，這也提供了市場一個說故事的素材。

在盯盤交易的這幾年，我時常觀察到細微的價量變化，看出盤中買賣盤的力道及買進的策略，當觀察到買進策略很有耐心時，我會將它認定為「一隻為看不見的手」，而且在盤中所觀察到的買賣成交狀況時常會與盤後的籌碼資訊對不上。補充說明一下在交易市場中所謂有耐心的意思是「在不影響價格的情況下大量買進」，而這隻看不見的手介入之後，未來的價格通常都會有不錯的表現，多數人稱這為內線消息。這背後的買盤我們是無法用客觀角度

得知的，雖說公司內部人的買賣需要申報，但市場上還是有很多不需要申報的做法，也從來不會公開，事實上也不希望被公開。

這種有策略的買法不一定會在數週或數月內就讓股價有所表現，有些甚至是買入幾年之後才有行情，因此週期很難精準判斷。與其去找各種理由解釋，不如把這些背後的祕密歸類為「一隻看不見的手」，而理論上「一隻看不見的手」也是要解釋市場的自由機制會讓價格走向它該有的方向，因此我們要學著去接受這件事的發生，這樣在交易市場裡就更能相信價格走勢，而不是過度猜想上漲與下跌的理由。

至於內線消息這件事不需要太過糾結，一個重要消息的發布或決定，中間會經過的人實在太多了，包括董事會、高階主管、內部人、親朋好友等等都會提前知道，最後才可能傳到一般民眾及新聞媒體的耳中，此時珍貴的內線消息早已失去了它的價值，當不明智的投資人靠著這樣的內線消息去買入股票時，那個內餡通常包的就會是韭菜。

在金融業的這些年來，我接觸過不少公司的老闆，也聽過不少的內線消息，而事實上連老闆本人都很難預測公司的股價，雖然可以提前知道好消息，但再好的公司都需

要得到大家的目光，才有可能吸引到資金的注意並推升股價，而且在好消息出現的同時也不一定伴隨者好股價，因為我們無法得知消息發布的時間點是要進貨還是出貨，只能知道通常是最多人買賣的點。市場有太多例子是好消息確定之後，剛好就是該公司的最高點，反之壞消息也是，壞消息公布之前，股價可能早已下跌一大段，當正式公布時，可能就是下跌的終點。舉例來說，裕隆汽車在 2020 年 3 月 30 日公布提列虧損 244.65 億元，而下一個交易日開盤價為近十年最低點附近，接下來 10 個月股價由 22 元上漲至最高 51 元。

蛛網理論：財務面

蛛網理論（Cobweb Theory）是由尼古拉斯・卡爾多（Nicholas Kaldor）於 1934 年提出的理論，說明供需失衡造成價格波動，此理論大多用於存在「資訊取得時間落後」的產品，像是農產品。舉例來說：當某一年需求增加時，下一年的生產者會提高產量，但供給增加就會造成價格下跌，而隔年減少產量之後，又會造成價格上漲，這樣不斷的循環，就是蛛網理論的圖形來源。

蛛網理論的概念也時常發生在商品市場與交易市場

中，舉例來說，商品市場此刻因為某項特殊因素，造成市場對於該商品的需求增加，但市場上的供給很少時，價格就會被推升，接著場外其他人認為該商品獲利空間大，紛紛投入資金去建造廠房，使未來的供給增加，當需求提升的速度低於供給增加的速度時，就會造成價格下跌。

　　這樣的概念除了時間差的考量之外，還需要思考此次的需求是否為一次性的事件，如果是的話，等到事件結束時，需求快速下降的情況下，供給的快速增加會造成價格崩跌，這樣的概念跟經濟學理論的供需概念很像，但這邊多討論了時間因素跟特殊事件，像是 2020 年新冠肺炎的口罩需求就是當時的特殊事件，歷史上有名的鬱金香事件也是很好的例子。

　　回到交易市場，我時常用蛛網理論來解釋「基本面與價格脫鉤」的問題。假設某間公司在尚未被多數人注意時價格緩緩地爬升，通常是少數投資人在預期心理下提前買進股票造成的，但等到多數人都已經察覺時，價格通常正在快速上升中，這時財報才會跟著開出，好消息也會透過新聞無限放送，此時不管有研究或沒研究的人都會因為財報佳而買入股票，卻忽略了財報是過去指標，也就是說，財報是已知的事實，但當我們要買進一支股票時，應該是

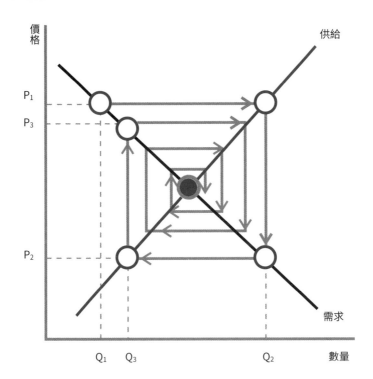

蛛網理論

價格

供給

P₁
P₃

P₂

需求

Q₁　Q₃　　　　　　　　Q₂　數量

　　蛛網理論除了考量到價格與數量，最重要的是將時間軸考慮進去，而在股市中則是將預期心理與股價考量進去，比如說在股價上漲一大段時出現好消息，我們不應該過度樂觀，在股價下跌一大段時出現壞消息，我們不該過度悲觀，因為預期心理的關係，有些投資人早已提前做出決定了。

認為它未來還有上漲空間,而不是單純只看過去財報的好消息。

有些公司會因為某次的事件大幅成長,比如說景氣循環股、提列某次獲利、提列折舊、提列過去累積虧損或公司單次投資獲利等等,其實以財報的角度來說,不同的會計準則以及提列方式、提列日期都有可能影響財報,而要不要美化或醜化都要看內部人的意思,若不是長期穩定的獲利,我會將它歸類於一次性特殊事件。

在看財報時,建議可以試著以蛛網理論的概念去解釋其中的資訊,將時間點與特殊事件考量在內,時間點就是股價是否反應過去的財報,特殊事件則是判斷這次的成長是一次性的、持續性還是永久性的,運用此理論去解釋交易市場的基本面,可以幫助投資人在買進前多考量到財報公布時間與價格反應前後的狀況。

我認為經濟數據或是財報就像老師在看學生每個月段考成績一樣,段考成績的高低未必能代表未來發展的好壞,就像 2020 年初的各項經濟數據不如預期,股市還是不斷上漲,但也不是說經濟數據不該參考,它依然是重要的參考指標之一,因為理論上成績好的發展會比成績壞的還要樂觀,經濟數據對於股票市場的走向沒有絕對、立即、

正向的關係，但依然會將它列入參考值內，而公司財報也將列入考量，畢竟這是我們了解公司唯一的數字途徑，但如果進入更深一層的討論，我還會參考過去公司的文化和老闆本人的可信度。不管是個經還是總經，都可以透過觀察去建立自己在投資領域裡的宏觀思維，以判斷未來可能發展的趨勢。我一直相信好學校會有壞學生，壞學校也會有好學生。

比較利益原理：操作面

大衛‧李嘉圖（David Ricardo）出生於倫敦的猶太移民家庭，在 17 個孩子中排行第三，14 歲時跟隨父親進入倫敦證券交易所學習金融運作，第一次接觸到經濟學是在 1799 年的一次鄉村度假期間，他閱讀了亞當‧斯密的《國富論》，從此對這個學科產生了興趣，也在 37 歲完成了第一篇經濟學論文，10 年後他在這個領域內獲得了極高的聲譽，也擁有大筆的財富。

李嘉圖本身是一位交易市場裡的投機客，交易經驗非常豐富，而後才撰寫經濟學專書，他最著名的理論「比較利益原理」套用在交易市場中也很適用，此理論解釋了當一方進行一項生產所付出的機會成本比另一方低時，就擁

有了這項商品的生產優勢。

此理論的概念是投資人需要找尋投資中機會成本較低的選擇，而最需要做的就是篩選與替換，把資金不斷轉移到效益更好的部位上，經過多次的調整與轉換，讓帳務呈現最佳狀態，在每次離開交易桌時留下一個滿意且安心的部位。

在我自己的交易決策中，也時常利用這個概念去做資金的轉移，這也是市場上時常聊到的**汰弱留強**，市場的資金通常會往最熱門的個股或產業移動，在行情壞的時候會更加明顯。

我相信實際交易的經驗讓李嘉圖習慣使用這套邏輯，而這套邏輯的使用不限於股票市場，也可用於債券、外匯、衍生性商品，甚至生活上也可以套用，比如你開了兩間公司，一間賺錢另一間賠錢，多數人應該會將賺錢的公司保留，賣掉賠錢的公司吧？

不過在交易市場中許多人會做出剛好相反的動作，多數的投資人總是擔心獲利消失而早早停利，但面對未實現虧損時，卻又誤以為它總一天會回來。在有限的資金下，這樣的做法會讓你把資金放在錯誤的方向上，我初入市場時也曾犯過一樣的錯誤，之後我鼓起勇氣將整個邏輯顛

倒，才開始找到獲利的交易邏輯，但我必須說，一開始需要很大的勇氣，因為我們都會擔心失去的不會再回來。

常態分配：技術面

常態分配又稱為高斯分配，是一個常見的連續機率分布，圖形是一個左右對稱的鐘型。在統計學裡，根據中央極限定理，不管其母群體的機率分配為何，當樣本數夠大時，均可以常態分配來逼近原來的機率分配。

正常情況而言，交易市場能獲利的是少數人，而真正能獲得超高額報酬的更是少之又少。以我的經驗來說，能擁有極端值報酬的很有可能是±3 標準差兩側外的交易人。

常態分配可以用來表示股票走勢的量與價，大多數的情況也是一個股票市場的週期，多數的股票都會在常態分

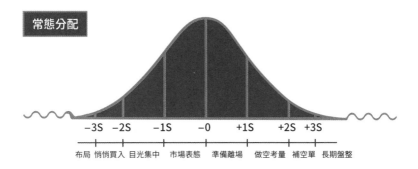

常態分配

-3S　-2S　-1S　-0　+1S　+2S　+3S

布局　悄悄買入　目光集中　市場表態　準備離場　做空考量　補空單　長期盤整

配的最外側呈現較少的買量，而到圖形中間時，價量將會呈現較大的波動，以下我們以此圖形來觀察一檔上漲趨勢的股票在多數情況下會呈現的量價表現。

① 布局

在 -3 標準差以外買入的投資人極為少數，因為當時的價格尚未表現，成交量也較小，並不是市場中的主流股。此時是主力的話，心中會設定預期買入的部位，並且會為了避免大量買入造成價格提升，而盡可能少量分批買入，壓低自己的持有成本。

② 目光

到 -2 標準差之後，股票的集中度越來越高，而主力能影響股價的力量也越來越大。每一間公司流動在外的短期股票會在一定的區間內，這邊會特別說明短期是因為某些持有人不在乎短期的波動，只想長期持有，所以短期的股票週轉率會在一定的數量範圍內，也因為這樣，當主力持有的部位比例上升時，在外流通股數相對減少就有可能會影響股價。

③ 表態

到了 -1 標準差之後，價格已脫離主力的成本區，這時的獲利會從未知變成已知，在已獲利的條件下就會像是拿到入場券一樣，可以在裡頭盡情發揮。此時會因為價格的上漲吸引更多投資人的注意，再加上新聞媒體、名嘴、券商的預期目標價滿天飛，使得價格有更激烈的震盪。

此時主力就不一定只使用單一方向或工具來操作，可能會運用當沖、波段及各項衍生性商品，也有可能會使用期貨套利賣股票，雖然此階段新加入的投資人數量很多，但通常都是沒有做太多研究，僅因外部訊息而進來的投資人，而這時候才去研究背後的原因已經沒有太大的意義了，主力的動作早已讓人摸不著頭緒。

④ 離場

接著在 -1 標準差到 +1 標準差之間，主力只要思考如何賣就好，此時市場交易量已經足夠主力一次性地賣出，不需要像一開始一樣分批操作，價格並不會因為主力的大量賣出而造成連續大跌，這時持有人數變多了，但持有信心卻變散了，大人物也準備離開。

主力就像一場宴會的籌備人一樣，在這場宴會提供免

費的酒水、食物,甚至是毒品,並標榜說派對的最後有頂級的抽獎活動,在事前向每位賓客收取門票費用,當收到費用後開始宣傳、打廣告、上新聞推廣,直到宴會開始的那天,所有的賓客都進來享受活動與酒水,並期待最後的頂級禮品時,派對籌備人會找到一個好時機從人群中悄悄離開,之後宴會要如何發展就只能看賓客們的表現了。

而準備離場的主力會因應當時的狀況,決定是否要在 +1 標準差的階段持有空單期貨,如果真的持有,便會更果斷地賣出現股部位從中獲取期貨的價差,並在 +1 標準差之後慢慢將期貨空單補掉,因為期貨商品有時間週期所產生的轉倉成本,主力通常不太會持有太長時間,直到現貨市場不再有更大量的時候,市場可能會重新進入 +3 標準差以後的超長期盤整區域,主力就會結束這段交易,並開始尋找下一個宴會。

以大多數的散戶來說,通常會在 ±1 標準差之間接收到大量市場的好消息,這時的資訊通常都是確定且已知的,而這邊也可能是最多人的套牢區。交易市場之所以這麼困難,其中一個原因是,大多數投資人會希望等到所有事情**確定**之後,才願意去嘗試,以棒球來比喻就是,打者需要在投手投出後球的飛行過程中就決定要不要揮棒,而

不是等到球過了才決定。

馬斯洛 5 大需求理論：心理面

前面提過馬斯洛的 5 大需求層級包含生理、安全、社交、尊重和自我實現，在交易市場中這 5 大需求也可以對應每個投資人的層級，不僅是資產水準、專業程度、風險承擔、心理狀態的不同，對於金錢的欲望也有所不同（見下頁圖）。

① 第一層：生理需求

馬斯洛需求理論的最低層級是生理需求，包含飢、渴、衣、住、性等，而交易的第一層級就像是初入交易市場的新鮮人，以「生存」為首要目標，小心翼翼地踏入市場，追求的只有不受傷、不賠錢。

剛進入股票市場的新鮮人，通常會以趨近無風險的商品為主，不敢期望太高的報酬，只希望投入的錢「安全保本」就好。

② 第二層：安全需求

當來到第二個層級，需求開始變得複雜了。人們開始想控制自己的生活並使其更加有條理，對於身體、財產、工作需要有一定的安全感與保障。

此階段的投資人已經了解交易市場中價格波動的風險，也理解了任何一項買賣都會有得利者。他們在市場裡獲得基本生存技能的同時，開始追求穩定的小量獲利，將心力用於追求安全需求之上，也就暫時沒有更大的欲望追求更大的報酬，他們通常只期望能在交易市場得到一個正常的報酬，並通常以 10% 為首要目標。

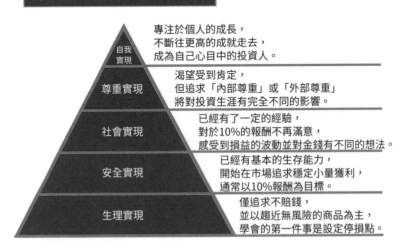

馬斯洛的 5 大需求對應投資人層級

自我實現：專注於個人的成長，不斷往更高的成就走去，成為自己心目中的投資人。

尊重實現：渴望受到肯定，但追求「內部尊重」或「外部尊重」將對投資生涯有完全不同的影響。

社會實現：已經有了一定的經驗，對於 10% 的報酬不再滿意，感受到損益的波動並對金錢有不同的想法。

安全實現：已經有基本的生存能力，開始在市場追求穩定小量獲利，通常以 10% 報酬為目標。

生理實現：僅追求不賠錢，並以趨近無風險的商品為主，學會的第一件事是設定停損點。

③ 第三層：社會需求

　　此階段的社會需求通常包括愛、接受和歸屬感等等。在這個層次中，對情緒關係的需求驅動著人們的行為。滿足這些社會需求的行為包括：友誼、浪漫的事、家庭、社交群體、宗教信仰及組織等等，為了避免孤獨、抑鬱和焦慮等問題，一個人有沒有感覺到被其他人愛和接受是非常重要的。

　　此階段的投資人已在市場裡交易一陣子，算是有基本經驗的投資人，開始慢慢期望更高的報酬，並發現投資是一條漫長的路，對於 10% 的報酬率漸漸不再滿意，也對生活與交易市場的金錢概念有了不同的想法。此階段的投資人會發現，在交易市場中的數字跟生活上的數字有非常大的不同，例如原本月薪穩穩領 5 萬的上班族，經過幾年之後資產累積到 300 萬，若是將資產投入市場，每日的震盪可能就會是 10 ～ 20 萬淨值上的改變，尤其當遇到市場連續上漲或連續下跌的波動，看著淨值是以月薪的幅度在變化，心情自然會跟著上下起伏。

④ 第四層：尊重需求

　　馬斯洛的第四個層次需求是對欣賞和尊重的需求。當

前面的 3 個層次滿足之後，獲得別人的尊重和欣賞就成為一件非常重要的事。人們需要透過努力完成一些事情來獲得他人的認可。

除了對成就感和聲望的需求之外，還包括自尊和個人價值，像是參與專業活動、獲得學術成就、參與團體或個人運動等等，都是滿足尊重需求下的行為結果。

尊重又能更進一步分為**內部尊重**及**外部尊重**，內部尊重指一個人希望在各種不同情境中有實力、能勝任、充滿信心、能夠獨立自主，簡而言之就是每個人內心的自我肯定感；外部尊重則是指一個人希望有地位、有威信，受到別人的尊重、信賴和高度評價等。

在此階段，投資人追求的是內部尊重或外部尊重，將會有很大的差別。追求內部尊重的投資人會在此階段維持自己的自信投資，並維持前面階段養成的好習慣，希望低調且持續性地獲利，並追求更大的成長。

而外部尊重的投資人可能會為了得到別人的賞識，而過度去追求外部的成就，這時候通常會被外界過多的訊息給影響，甚至出現與人比較的心態，此時很容易由過度的自信造成自負，開始找不到自己的定位，最終可能破產再回到第一階段的「生理需求」。重新來過的投資人是否有

勇氣再爬回第四階段，不能確定，而再一次走到第四階段時會不會再犯相同錯誤，也不得而知。

第四層我曾到過 3 次，前兩次選擇的是外部尊重，第三次則是選擇了內部尊重，才找到自己投資的平衡點。

在交易市場中，內部尊重的養成會讓投資人交易心態更強大，成為一個獨立且冷靜的交易人，但對於外部尊重的過度需求，會讓投資人的欲望膨脹，永不滿足，甚至可能一不小心毀掉投資生涯。投資是一門心理學也是非常私人的事情，當你為了地位、威信，甚至希望獲得別人的尊重而開始不停地預測走勢時，就會走入一個迷茫的投資狀態。或許在做這種舉動的初期不會有任何影響，但在關鍵時刻時，投資人應該思考：自己要的是面子還是銀子？

⑤ 第五層：自我實現需求

在馬斯洛層次需求金字塔最頂端的是自我實現需求。馬斯洛對自我實現有一段定義：「寬鬆點來講，自我實現可以描述為對天賦、能力和潛能等的完全開發和利用。這類人做到了他們能做的極限，因此看起來實現了自我……他們是那些已經開發或正在開發自己能力，是自己的能力達到完全飽和狀態的人。」

　　自我實現的階段會專注於個人的成長而不是與他人比較，當投資人順利到達此階段時，代表投資人有能力完成與自己能力相稱的投資行為，而且不會任意被外界影響，也就開始想往更高的成就走去，得到心中的成就感。

　　在我自己交易的某段時間，發覺獲利累積的速度很快，但心裡有種說不出來的空虛感，就好比財富自由這件事好了，小時候一顆糖果就能讓我們開心一整天，就學時期能吃一份大餐已足矣，出了社會買了間房子已達到人生成就，然而過了幾年之後，可能會開始轉移到買更好的車、買更好的房，或追求更多更貴的奢侈品，去滿足那個永無止盡的物質欲望，這些都是單純以金錢的角度去衡量事物與滿足自我的虛榮感，但如果現在有一個家境非常優渥的人，不再需要追求金錢時，自然也得不到獲得物品那瞬間的喜悅，心裡反而變得空虛。

　　同時具有精神病學博士學位、催眠師、氣功治療師身分的暢銷書作家 Joe Vitale，曾說過一句令我十分認同的話：「金錢唯一的目的，是為了表達你的感謝。」金錢的用途是為了表達謝意的，我們感謝老師的教導而付了學費到學校，學校拿到學費感謝老師而支付了薪資，而老師拿了薪水後去滿足基本生活需求，幫他們滿足生活需求的人

相對也拿到該有的金錢，最後再回到學生家長的手上，進而無限循環，這是金錢在學校裡的唯一目的。但離開學校進入社會後，會發現一樣的金錢卻有不同的意義，社會中金錢的意義時常變成了身份地位、虛榮感、物質欲望、權力的表現，從校園裡的表達謝意到了社會卻變成可能攻擊他人的武器，或許是因為這些所謂的大人在學校裡並沒有碰過這種武器，出了社會一時不知道如何使用。

　　等我自己變成大人之後才發現，如果忘記感謝，將會使金錢變成很可怕的武器。我也才明白，得到別人真摯的感謝是金錢換不來的，德國股神科斯托蘭尼在人生後期教學投資的原因之一，我想，也是想獲得感謝後的成就感，而教學則是交易人唯一能做的事情。

＊ ＊ ＊

　　以上這 5 個階段，投資人要走多久，每個人都不同，有人走了 3 年、5 年、10 年，甚至一輩子都有，假設投資人好不容易走到第五階段時，記得要想想你要的自我實現是什麼。金錢僅僅是每個人支撐夢想的工具，並不是你人生的終極目標，馬斯洛認為滿足自我實現需求所要採取的途徑是因人而異的，自我實現的需求是在努力挖掘自己的潛力，讓自己成為自身所期望的人物，而財富的需求會因

為自我實現這階段因人而異。

　　以上結合實際交易市場分享的 5 個理論，是我多年來從理論到實際，再回推到書中理論所悟出的心得，而其中的事件與數字都有可能因為未來金融環境的改變而調整，畢竟我們的現實生活或交易市場無法假設其他條件不變。精通經濟學也不代表可以在交易市場裡取得大筆的財富，否則所有的經濟學家應該都富可敵國了，歷史上靠交易取得大筆財富的也不少非金融學系出身的人。有一句話是這麼說的，「經濟學是一群沒錢的人研究有錢人行為的一門課程」，沒有一位老師或教練可以為你失去的金錢負責，只有自己能為自己決定。在瞬息萬變的市場裡，每一樣東西都會變，但唯一不變的是人性。

本章重點

1. 投資人往往在買了某支股票後，不斷利用各種資訊去支持心中期望的方向，但我們應該避免用過去的心態解釋錯誤的方向。此時最好的辦法就是站在場外看。

2. 以客觀角度檢視財報，主觀角度看待技術面、籌碼面，接著宏觀觀察題材面與新聞面，盡量在有限時間內調整出對損益有利的方向。最終的損益則會是這期間不斷調整與加總的成果。

3. 在真正的交易市場中，沒有公式可以讓我們套用，也無法「假設其他條件不變」，因此理論與實際還是有很大的區別。

4. 交易市場的難度會這麼高，是因為大多數投資人都會等到所有事情確定之後，才願意去嘗試。

5. 過度在乎外界的物質享受或名聲，容易使投資人的欲望無限膨脹，甚至一不小心毀掉投資生涯；追求內心強大的投資人則會維持自信的投資，心態更為平靜，並成為獨立且果斷的投資人。

勇敢跨出第一步
—— 進入交易市場前的心態

跨出舒適圈的第一步是需要勇氣的，如果在這一步有所遲疑，通常是因為我們害怕失敗。但在任何事情尚未開始前，結果是好是壞我們不得而知，在第一步之前所有的規劃、猜想、疑慮都不一定會發生，而真正的結果只有勇敢跨出後才會知道。

3-1

海象般的行情

　　還記得剛畢業的時候，因為個性喜歡挑戰，毅然決然在當兵時志願參加國軍的特戰部隊「水下作業大隊」，希望能在從軍期間學習沒接觸過的潛水。剛進去的時候自己不太會游泳，大概是只能在游泳池游泳的程度，沒想到短短受訓幾個月，不只是泳技提升了不少，也為未來的交易奠下了重要的基礎。

　　潛水讓我更了解「海」、更了解風險、更能接受不如預期，也更能接受如海象般的市場。

　　在受訓期間，最常聽到教官說的是以下兩句話：

　　第一句：「勇敢跨出第一步。」

　　第二句：「只有海底能阻止我們潛得更深。」

跨出第一步

在受訓期間，每次下水對我而言都是新的挑戰，因為每次的訓練都不一樣，當時教官的口頭禪是「勇敢跨出第一步」。第一次要下水時，項目是水上定位踩水 15 分鐘，對於我這個初學者來說，就是整整喝了 15 分鐘的水，當時的自己以為生命要走到盡頭了，甚至有放棄受訓的念頭，從那時我就對水有了深深的畏懼。

還記得教官當時跟我們說：「如果你真的撐不下去，沒力氣自然就會向下沉，溺水後會有人救你，旁邊也有隨行醫生可以急救。」我聽完覺得很有道理，頂多就是被嗆到而已，因此從那天開始，我每天都利用午休時間去訓練，花了不少時間才趕上其他人的進度，之後雖然受訓的項目越來越難，但因為有了第一次突破的經驗，後面也越來越有勇氣挑戰新事物，而這段經歷也為我後續的人生與交易種下一顆種子，當遇到新的挑戰時，心中就會出現一句話，「勇敢跨出第一步」。

在交易市場裡有許多人不願意跨出第一步，害怕風險、害怕看錯、害怕賠錢，這都是很正常的事情，因為我們的恐懼大多源自於「未知」與「害怕失去」。還記得第一次騎上腳踏車時的感受嗎？一定是充滿著各種不確定性

與恐懼，但現在的我們踏上腳踏車會毫不猶豫地前進。在不斷突破對未知事物的恐懼之後，我們會逐步建立信心與勇氣，在面對後續的新事物時，也會毫不猶豫地接受挑戰。

回到交易市場，要買進第一張股票的投資人總是小心翼翼地推敲、研究、規劃，甚至是聽明牌，但交易市場是個機率遊戲，不管你研究得多透徹，最後的結果還是可能不如預期，所以我認為最好的辦法就是先「勇敢跨出第一步」，投入小部位的資金，接著再慢慢調整，用這樣的心態投入交易市場會是最適當的。

好比游泳這件事，即使讀完所有游泳相關的書籍，也不可能不碰水就學會游泳，反倒是住在海邊的孩子好似天生就會游泳一樣，因為不下水永遠不會懂得水性，但在下水之後考驗的不只是泳技，還需要因應海象做出調整。投資人在交易市場也是，唯有不斷適時地調整，才是交易市場的事實。

只有海底能阻止我們潛得更深

地球是由約 71% 的海洋和 29% 的陸地組成的，因此也被稱之為「水球」，而海洋在地球上是神祕的存在，我們探索未知世界的腳步從未停歇，上至太空，下至海洋，

只要是人類可以探索的，都是夢想開啟的地方。

在一次水肺潛水時，我聽到一句發人省思的話：「只有海底能阻止我們潛得更深」，對於潛水來說，這句話的意思是「我們對於水壓的承受度有限，但勇氣無極限」，但更深一層的意思是：無限勇氣的潛水員無法超越海的極限，投資人也無法超越交易市場的極限。

這個觀念在面對交易市場時相當重要，我們需要努力學習、研究、帶著勇氣去追隨我們對金錢的渴望及想像，我們在做每一筆交易的時候都需要勇氣，但不管有多大的勇氣都要去敬畏海，因為我們的極限也只是海裡的一小部分而已。

當行情在上升趨勢時，我們容易被眼前獲利的數字蒙蔽雙眼，誤以為自己找到聖杯或認為自己就是所謂的聖杯，但交易市場中流動的資金規模對每個人來說都是無法衡量的，因為總會有新加入的投資人進進出出，當我們認為自己的資金很多時，往往會有更大的資金在背後等著。試想一下，假設你有 100 億可操作的資金，在某個時刻誤以為可以主導整個市場，但換個角度想，其實 100 億的放空，也比不過 10 萬個自然人各投入 10 萬元的力量，更何況擁有 100 億的單一投資人也不多，所以在交易市場中沒

有所謂的極限，在資金推升價格的同時，時常會超過我們的想像，而當我們能控制對金錢的欲望並在一定範圍內交易時，就能在海中安全且自在地探索。

在潛水時，海中的每一個深度都有所謂的減壓時間，金錢的欲望就像潛水一樣，當你潛得越深，壓力也會越大，而海底沒有極限，市場也沒有，投資人該設定的投資極限不是海底，而是自己。

我們時常因為過去的框架而限制了對價格的認知，也限制了對市場的想像，但許多時候真實狀況都與我們的想像有所出入，身為一個優秀的投資人，不應該逃避，而是要學著去面對及調整，還記得受訓的其中一項測驗是在一片伸手不見五指的海域中一口氣向下潛，目的是要抓到海底的泥濘，但在潛水的過程中，無法得知什麼時候會到海底，這是一段未知的過程，許多人在中途放棄，但依照過往的訓練，這樣的深度其實我們每個人都能達成，而這項訓練真正的用意是讓我們勇敢面對未知的恐懼。最後完成這項目的學員會把又髒又臭的泥濘塗在臉上，並在海軍總部慢跑一圈，象徵著挑戰者的勇氣與榮耀。

越了解，越小心

在潛水之前，我對於海沒什麼太多的想法，以為就像陽光、空氣這麼溫柔與自然，但當我越了解它時，反而越敬畏它，就如同交易市場一樣，認為投資就應該要賺錢，在從來沒考量過風險的情況下，自然也就不會去敬畏它，直到真正投入之後，才了解到它和大海一樣，每位潛水員都需要去敬畏。

作為一個潛水員，在下水之前要先把所有理論基礎都學會，不管是天氣的判斷、設備的使用、地形的規畫或減壓程序等等，都是在岸上必須準備好的，但下水之後還是會有許多不如預期的狀況，我們能做的就是盡可能地釐清風險，並設想解決方案，下水後就是完全依照經驗、環境去調整並學著接受它。

就像在交易市場，投資人投入第一筆資金之前，我們要提升財務知識，但這麼做並不能保證獲利，只是透過別人的經驗與理論去學習，把現階段可見的風險釐清，當實際進入市場時，便要依照經驗與環境去調整，且尊重市場價格。當你越來越了解市場，也就會越來越尊敬這個市場。

在市場裡人人平等，不論學歷、長相、背景，進來的每個人都要靠自己，在賭桌上的每一塊錢都是公平的，即

使是資金較大的投資人，也都有自己的問題要解決，比如交易員與市場主力，他們最大的不同在於一個是用別人的錢，一個是用自己的錢，過去有好幾次跟交易員朋友吃飯，從他們口中得知如果出現連續虧損的話並不會被扣薪水，只會被主管要求多休息一點，交易員就像從理論到實際的高手，而主力多數是直接從實際面開始。就水性而言，海邊出生的孩子跟游泳池訓練的孩子還是有些不同，而用他人的錢與自己的錢，在交易心態上也會有非常大的差異，一個賭的是工作，一個賭的是人生，所以我認為不管是在經驗還是心態上，市場主力的交易心態可能更加複雜及困難，也更能面對一些不如預期的狀況。

3-2

投資交易的 3 大門派

　　過去在金融業工作時，遇過非常多種類的投資人，而我為了研究交易策略，總是第一個到公司，最後一個離開，每當我發現一個可能會賺錢的投資人時，我會研究他每天的交易頻率、選股邏輯、進場點、出場點和盤中切入點，當時在金融業最大的優勢是可以了解客戶的狀況，也因為這樣的條件讓我更能感受到投資人的「心理狀態」。

為什麼會想了解心理狀態？

　　在不同資產的階級之下，會有截然不同的操作手法及交易策略，投資人所感受到的貪婪與恐懼在同一個市場裡也會不一樣，但很有趣的是，當多數人恐懼時，通常都是市場行情的偏低點，但多數人貪婪時卻**不一定**是市場的高點，這部分就要聊到市場的慣性「緩漲急跌」。

　　過去有幾年我不斷透過電腦螢幕找尋可學習的對象，

唯一能跟他們接觸的方式只有透過交易市場裡跳動的數字，當時並不是想跟單，只是想更了解這個市場各式各樣的投資人，並歸納出屬於自己獨一無二的交易策略。在研究許多投資人交易策略後我發現，能在市場中賺錢的大概有以下 3 種人：

長期投資派

這類型投資人的目標在於「累積未來的資產」，因此挑選股票時看重的是公司穩定獲利與未來發展性，股票標的可能較為分散，但共通點是幾乎都有基本面的支撐。注重配息的投資人，會期望未來有穩定的現金流來源，考慮的是養老生活；而注重基本面的投資人通常是考量到未來市場的展望。

長期投資人對於手上持股調整的頻率較低，通常是每季或每年關注及調整一次即可，並且不太在乎短期的波動，因為他們認為只要持有的時間夠久，好的公司遲早會回到該有的上升趨勢，而持有中的股票只要在當初購買時的理由沒有改變前，不會隨意換股，在這樣堅持累積的過程之下，每年的淨資產也會隨之緩緩上升。

這類型的投資人通常會專心於本業，投資的時間也只

占人生中極小的比例，僅是將每年多餘的存款不斷投入市場內，這種方式能獲利的投資人占大多數，因為操作相對簡單，也較多人使用，只不過獲利的金額也較平均，總體而言，這類方式主要想利用投資點綴自己的生活，並不是要改變原本的生活。

金融環境目前呈現一個緩慢的通膨，銀行利息呈現下降趨勢，在未來也可能達到所謂的負利率，在市場資金越來越多的情況下，現金的價值也會越來越低，市場證券價值有可能相對提升。在這樣的情況下，人們會意識到錢越來越不值錢，轉而投入股票市場，去避免資產被通膨吞噬，但不可以忽略的是，在一個資產累積的過程中，並不是直線上升的，通常是上下震盪再緩慢向上，所以其中最難的是堅持與信念，這個過程不管是一年、兩年、十年、幾十年都一定會有旁人給你許多的意見使你動搖，因此這也是長期投資的困難之處，也是第 1 章聊到的「堅持」的重要。

總結以上長期投資的特色，我認為要成為這類型投資人的必要條件有 3 個：

1. 選擇基本面優良、未來有發展題材的好公司或穩定的大公司。
2. 將週期拉長利用「時間成本」平滑「價格成本」。
3. 穩定的資金來源，並持續投入。

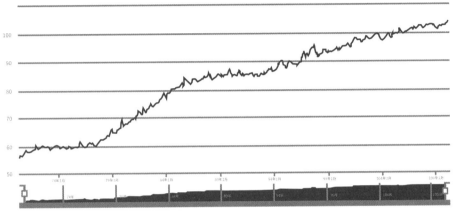

消費者物價指數（民國 105 年＝ 100）

[資料來源：行政院主計總處]

　　一般國家都是以「消費者物價指數」（consumer price index，CPI）作為計算「通貨膨脹率」的依據，例如去年6月的消費者物價指數是120，而今年6月的消費者物價指數是150，因此我們會說這一年的通貨膨脹率是25%［（150-120)/120=25%］。在計算報酬率時也不能忽視通貨膨脹，因為通貨膨脹會影響到投資人的實質購買力。

成交量體派

　　這類型的投資人是透過高額的交易量，與證券公司談手續費的折扣與退回，折扣越低相對退回的交易成本就越多，因此只要在一來一往的交易中包含其交易成本下不賠錢，就等於是獲利了。

　　這類型的投資人因為交易量大，手續費退回大約是 1

退 10 到 1 退 12 左右，意思是每交易 1 億的成交額可以退回 10 ～ 12 萬元的手續費，這類型的投資人月均量通常會超過 10 億、100 億，假設月均量達到 100 億的情況下，交易成本手續費會退回約 1000 ～ 1200 萬。不過，實際退回的手續費還是會依各家券商及投資人的情況而不同。

　　以另一個角度來看，退回的金額也是自己的交易成本，僅是利用手續費低的優勢來創造更大的優勢，這樣的交易方式通常偏向極短線進出。但除了前面所提到的交易量門檻之外，也需要承受非常大的風險及精神壓力。試著想一下，100 億的週轉率，買進 50 億賣出 50 億，以這樣的資金水位來看，百分之一的損益就高達 5000 萬元，因此週轉率（同一金額在市場的轉換比率）的轉換技巧也是必備的技能之一，其中價格影響的 Tick（交易單位最小跳動數）轉換也要考量，但這個方式會長時間處在腎上腺素高漲的情況之中，並非所有人都能承受，因此這種交易方式要求的條件與能力也是較多的。

　　另外，以實際面來說，要能當日下超過億元以上的投資人並不容易，券商在風險管控之下會需要投資人的財力證明，這類型的投資人一開始可能就比普通人有更高的資產，但如果要更進一步的操作，還需要跟券商有一定的默

契與信任度,這些都是需要時間累積的。

　　總結以上成交量體派的特色,我認為要成為這類型投資人的必要條件有 3 個:

　　1. 週轉率的轉換技巧。

　　2. 充足的資金。

　　3. 強健的心臟以應付長時間盯盤交易的心理壓力。

短線投機派

　　想成為這類型的投資人非常多,通常都是年輕人,且多數帶著一夜致富的幻想進來股市,但真正能走到最後的極為少數。

　　這類型的投機客會使用股票、融資、權證、選擇權、期貨等等的金融商品來交叉運用,想盡辦法在有限的期間內做出最有效益的事,而在其中需要考量的因素非常多,包含選股、時機、資金運用、部位調配,而外部的因素包含市場氛圍、金融環境、成交量等等。

　　會使用多項工具且思慮縝密的原因,無疑都是期望在交易市場中獲取可觀的報酬,這類型的操作理論不難,難的是實際交易,因為在交易市場裡每一刻都是新的,無法用教科書去解釋,更重要的是過去的都已經過去了,能在

網路上取得的資訊也不一定能運用在明天的交易市場中。
但令人惋惜的是，我們時常在廣告上看到利用高風險衍生
性金融商品致富的案例，讓許多投資人誤解其真實的難
度，這也是所謂的倖存者偏差（指過度關注可被觀察到的
資料，忽略了篩選的過程及其他被隱藏的資料，而導致了
錯誤的認知與結論）。

　　投資人要知道，衍生性金融商品的發行商會是背後最
穩定的獲利者，不管是融資的利息、權證的時間價值、選
擇權與期貨的交易成本，甚至是 ETN、ETF 等等各項金融
商品，獲利最穩定且最大宗的會是做莊家的，也就是所謂
的發行商，股神巴菲特也說過：「永遠不要問理髮師要不
要剪頭髮。」

　　短線投機派的人會享受市場每一秒鐘跳動所帶來的興
奮感，不斷學習、歸納、修正、回測來找尋屬於自己的短
線投機邏輯，除了帳務上的數字之外，「正確」的決定與
精準的眼光會帶來更大的成就感。

　　不過，投機者在享受極大報酬時，更多時候是承受極
短線的壓力與誘惑，在高報酬的可能性之下，就必須承擔
高風險的危險性，還時常要承認自己的錯誤與無知，許多
時候需要快速反轉自己的想法，做出完全相反的動作，這

對投資人來說是痛苦也是困難的。

　　總結以上短線投機派的特色，我認為要成為這類型投資人的必要條件有 3 個：

1. 擁有對交易持續性的熱情以及極高的風險意識。
2. 接受理論與實際的不同並熟悉各項金融商品的操作搭配。
3. 同時具備客觀、主觀和宏觀的視野去做整體交易的調配。

＊＊＊

　　以上 3 種類型的投資人，派別不同但獲利的目的都是相同的。舉個例子來說，第一類型的長期投資派就像是乘客搭火車一樣，多數人只要買了車票就有可能在預定的時間內到達目的地。

　　第二類型的成交量體派就像是開跑車一樣，必須提供一定的資產證明以及交易經驗去談手續費折扣，接著維持高檔的速度希望能快速抵達目的地，這樣的門檻對於富二代來說輕鬆愜意，但對於小資族來說相當有壓力。

　　第三類型的短線投機派就像是開飛機一樣，需要花多年時間準備與訓練才能成為機師，雖然能快速抵達目的地，但一定要特別謹慎並注意風險，還要小心不要墜機。

以我的方式來說，是結合 3 類投資人的概念去交易，用第一類的概念去累積資產，第二、三類的實務操作去作量與作價。每個人投資的方式不同，累積資產的目的卻相同，為的不一定是多奢侈的生活，而是讓自己未來的生活多了選擇的權利，我們應該選擇適合自己走的路，不管是簡單的還是極端的都可以，年輕時你可以多去嘗試，要用什麼方式或是什麼工具都行，畢竟人生這條路還很長，不要去阻止別人要走哪條路，走好自己的路就好。

3-3

我們的 1000 萬都不一樣

　　在原始社會中，人們用以物易物的方式來交換自己需要的物資，而到現在 21 世紀出現了完全沒有實體的加密貨幣，突破了我們原本對於貨幣的價值觀，也因為時代快速的變遷，讓我們重新思考「金錢」的定義。

　　金錢這件事，在我們每個人心中的價值完全不同，出生在豪門家庭的子弟，從不需煩惱柴米油鹽醬醋茶，相反的，對於出生貧困的落後國家，這是他們唯一需要擔心的事。基本的生存需求放在兩個不同的環境中會有極大的落差，我們踏在同一片土地上，對於同樣的東西也有不同的煩惱。

　　對於「金錢」這件事也一樣，當觀看的角度不同時，做法也完全不同，在交易市場中，我們在不同的時代買入同一支股票，在未來對於這支股票也會有不一樣的做法與

看法，所以在交易市場裡，我們的 1000 萬都不一樣。

在金融業的那幾年，我看過各種資金水位的投資人，也讓我徹底改變對金錢的看法，並重新思考金錢的意義。

分享給各位一個故事，有 3 位從小到大很好的朋友，分別稱為 A、B、C 先生：

A 先生是位全職投資人，每日都會盯盤交易，部位進進出出的，隨時會進場 1000 萬也會出場 1000 萬，並且大多時候的交易都是當下所決定的，久而久之也就有了獨特的操作手法，他也在這些經驗及慣性之下，養成了前面章節所提到的「盤感」。在這種短線交易模式下，外人看起來風險很大，但事實上他利用多年來的時間全心全意投入交易市場中，從 10 萬元累積上來，因此他清楚了解每一次交易的風險，這樣的模式多數人稱為投機。

B 先生是一位跨國企業的老闆，淨資產上億，時不時會抱著遊戲的心態參與一下交易市場，但沒有心力與時間多做研究，通常都是朋友或銀行經理推薦就隨意買入，很多時候都是為了幫證券公司做業績，或者為了跟其他客戶之間有一個聊天的話題。

C 先生是一位工作 5 年的上班族，薪水級距因為資歷的累積而慢慢爬升，不用像剛畢業的新鮮人那樣辛苦，但

也沒有到能揮霍的地步，在薪資調升速度比不上物價膨脹的情況下，聽到身邊朋友的投資獲利幾乎等於自己的月薪甚至是年薪，讓他感受到投資似乎很容易，萌生了想要進入交易市場改變自己原本生活的想法，因此請教了另外兩位好朋友。

某天，C 先生跑來請教 A 投資人與 B 生意人：「以目前股市行情來說，兩位的股票庫存約為多少？」很巧的是，兩位在當天都是剛好 1000 萬，回去之後，C 將它解讀為「1000 萬的資金在市場裡，代表股市行情未來應該還是看漲」，也因為夠信任這兩位朋友，就立即將能借的與能用的資金全部投入進去，甚至將房子抵押，期待換取一個翻身的機會。

不過實際的情況是這樣的，對於 A 來說，1000 萬資金的投入是由過去累積的經驗與信心支撐，並且在能盯盤交易的情況下所使用的。以當年投入的金額 10 萬元來看，這多年來累積的 990 萬是他的風險承擔額度。

對於 B 先生來說，原先投入金額為 1 億，目前帳上的 1000 萬是因為缺乏研究或是人情因素而隨性買賣，造成了 9000 萬虧損之後的剩餘金額。不過這個虧損的 9000 萬對他來說可能僅僅是公司一個月的營收罷了。

而這時候 C 先生利用房貸、車貸、親友借款也剛剛好進場 1000 萬。

故事到這裡我們會認為 C 先生很傻，但以上這個故事卻是多數投資人會犯的錯誤，時常會聽了他人一小部分的投資分享，就賭上自己的一切，用這樣的故事說明看起來可能有些不合理，但在現實生活中卻總是發生。

在網路發達的現代，許多人會去追蹤籌碼、主力分點、三大法人，甚至過度參考他人的對帳單，而市場上的作手知道大家會追蹤的話，也會想盡辦法去規避。我們永遠無法猜測他人的想法或背景，作手可能買入現股是為了用更高的價格放空期貨，也可能分開在不同的券商買賣去製造混淆，而法人券商的利基點原本就與一般投資人不同，更何況他們玩的是別人的錢，在過度追蹤他人的情況下，許多人卻忘了追蹤自己，我們在交易市場中應該以自己為基準點向外延伸，才能知道自己想要什麼、需要什麼、可以獲得什麼。

每個投資人都要知道，金錢的定義是由我們本身所認定的，當我們認為它有多少價值時，它就值多少，在交易市場中沒有一個標準公式可以套用，因為無法假設大家都一樣，同樣的 1000 萬，可能是全職投資人的創業、生意

人的遊戲，更諷刺的是它可能也是一般上班族的全部。

交易市場的人來來去去，每一次的回檔或下跌修正就會有一群人離開，而真正的崩跌是資產重新配置的時機點。每年都會有很多次下跌修正，但崩跌每隔幾年才會發生一次，從 1990 年經濟泡沫、2000 年網路科技泡沫、2008 年金融風暴、2011 年美債危機、2015 年中國股災、2018 年中美貿易戰到 2020 年新冠肺炎，都是一個個資產重分配的時機，在人類科技的發展與各國的通貨膨脹促使之下，交易市場會走一個超長多頭的行情，但這超長多頭的行情下仍會有無數個小回檔及資產配置點，做好風險控

不一樣的 1000 萬

　　將黑點假設為相同的1000萬，將白紙的其他面積當作某投資人除了金錢以外的生活，以同樣的1000萬來說，對於不同的人將有不同的感受。

管與配置,這個資本市場在我們有生之年都會存在,我從
不擔心市場沒有機會,我只擔心自己沒資金找機會,而且
假設你不願意投入一塊錢,這市場是無法從你身上拿走任
何一點資產的。

本章重點

1. 交易市場是個機率遊戲，不管事前研究多透徹，最後的結果還是可能不如預期。最好的辦法就是「勇敢跨出第一步」，投入小部位資金，再慢慢調整。

2. 交易市場沒有所謂的極限，真正的極限來自每個人的欲望。

3. 在資產累積的過程中，並不是直線上升的，通常是上下震盪再緩慢向上。

4. 金錢的定義是由我們自己認定的，當我們認為它有多少價值，它就值多少，交易市場沒有一個標準公式，因為無法假設大家都一樣。

第 **4** 章

金融市場只有兩件事
存錢與價差

在交易市場中，要清楚區分**投資**與**投機**是非常困難的，很難有標準答案，大多數對於投資的定義是透過大量研究財報之後，投入本金，並**預期**報酬可以達到某一程度。但光是「預期心理」就會有非常多的問題。我們都知道，投資是機率所組成的，有一定的風險，若依照上述的定義去理解股票市場，很容易不小心將投資失敗的風險給忽視掉，也有可能因為數字的誘惑，讓自己的交易越做越短，而出現週期的問題。

許多投資人一開始都是以投資為目標進入交易市場，後來遇到一些問題後漸漸轉為投機交易，之後就很容易被困在投資與投機的混亂階段，變成不知道自己在做什麼。我曾經也遇過相同的問題，在剛開始投資時，預期報酬率一年為 20%，但股價在短時間內快速上升，3 個月翻了一倍，此時出現一個疑問：我到底是投資還是投機？

4-1

大到不能倒的樹：投資

　　在實務上，多數人都誤認為只要是週期長的持有就稱為投資，週期短的買賣就稱為投機，但如果一支股票原本以投資的角度買入，卻在短短一年之內翻了 10 倍，而投資人客觀認為市場價格要轉向，此時做出賣出的動作，那麼要如何認定這是投資還是投機？另外，更多投資人會犯的錯誤是，將原本預設參與短線行情的股票，因為遇到價格不如預期就改為超長期投資。

　　其實，不管是投資還是投機，把自己的心態與配置認定好，最後會發現金融市場都離不開兩件事，也就是**存錢（投資）**或**價差（投機）**。

　　將長期投資的存錢設定為不斷累積資產的過程，這個概念就像是種樹一樣，從播種、發芽、茁壯到最後真正成為一棵大樹，都需要種植者的呵護與關注，我們需要不斷

地努力才能在想要休息退休時，擁有一棵能為自己遮陽乘涼的大樹。

種下第一個選擇

在種下一棵大樹之前，我們必須做足功課，先了解自己想要什麼樣的大樹，再去挑選相對應的種子，有些人看好電動車產業、運動產業、金融業、傳產業、回收產業或是單純連動指數的 ETF，而在這其中有些人的目的是節稅，有些人在乎的是現金流，也有些人是看好未來整體產業的發展等，因每個人的目的不同，自然挑選的種子也會有所不同。

許多投資人對於種子沒有足夠的了解與信心，時常買 A 股看 B 股，最後賣掉 A 股買了 B 股，結果 A 股漲上去，再懊悔地用更高價追回 A 股，一來一往浪費了許多時間與金錢，這也是長期投資最不該犯下的錯誤。

投資人在投入第一筆資金之前就要做足功課，未來面對市場瞬息萬變的行情時，才會有信心持續持有或做出適當的調整。種子的選擇要在事前理性充足地準備，避免播完種後又把種子挖出來，也不要貪圖一時的獲利而揠苗助長，這樣永遠都種不了大樹。

持續投入的水源

對於資金不足的人，投資績效並不是你的首要目標，累積資產才是。如果投資人只有 10 萬元的閒置資金，即使報酬率維持 50%，年獲利金額僅有 5 萬元，這樣的金額也無法改變原來的生活水準，況且維持報酬率 50% 的績效也是相當有難度的，水源就像資金一樣，我們必須持續投入使資產增加，這樣在後期才會有一定程度的效果。

剛出社會的上班族手上大多沒有太多的資金，也因為這樣才更需要利用種樹的概念去累積資產，在種一棵大樹時，要持續投入水源，才能讓這棵樹又大又壯，如果隨意停止灌溉，很容易就會停止生長甚至死亡，資產累積的目的不僅僅是要發芽而已，而是給未來種出一顆大到不能倒的樹。

空氣般的財務知識

許多人誤解只要做好事前的規劃，投入市場之後就可以不需要再繼續學習調整，這是很大的迷思，因為我們的金融環境時時都在改變，而通常這種改變都是悄悄且緩慢地推移，就像是空氣一樣，明明知道它很重要也明白它的存在，但卻時常忽略它，等到產生巨變或快要失去時才意

識到，通常已經來不及了。

知識就像空氣，只有在快窒息時，才會察覺到它的重要性。

民國 80 年郵政一年期定存利率為 9.5%，民國 110 年則為 0.78%，利率與商品價格的變動都會在經濟成長的過程中因執政者的策略而有所不同，包含物價膨脹、印鈔票、外匯因素、國家政策等等，進而影響了實質購買力。

股票市場每幾年也會有重大改變，包括稅賦、逐筆交易、二代健保、盤中零股、季配息等等，都是近年來才有的政策，國際局勢及金融環境的改變也有可能是投資需要

郵政儲匯局一年期定存利率					
年份	利率	年份	利率	年份	利率
75	6.25	87	5.59	99	0.83
76	6.25	88	5.5	100	1.08
77	6.25	89	5.0	101	1.37
78	6.25	90	5.0	102	1.37
79	9.5	91	1.8	103	1.37
80	9.5	92	1.4	104	1.37
81	8.35	93	1.0	105	1.2
82	7.9	94	1.55	106	1.04
83	7.65	95	2.015	107	1.04
84	7.2	96	2.175	108	1.04
85	6.75	97	2.62	109	1.04
86	6.0	98	1.39	110	0.78
資料來源：財政部網站					

考量的因素，因此在種樹的過程中，我們不僅要選好種子，規律澆水，還必須持續學習財務知識，才不會因為大環境的改變而讓你的投資計畫失敗或出現大漏洞，也才不會沒了空氣而讓自己窒息。

陽光照射的熱度

　　大多數的植物沒有光線就無法生存，我們可以自己選擇種子、持續灌溉及擁有空氣的陪伴，但無法控制天氣的好壞，這就像是市場的行情與熱度我們無法控制，而是整體金融環境與結構所決定的。

　　近年來最大事件為 2020 年 COVID-19 的疫情加劇，各國央行祭出量化寬鬆政策救市，使得全球資金大量流竄，也因而推升資本市場的價格，各國股市多數從最低點開始向上爬，短短一年多的時間，台股加權指數從 8523 點上漲至 18034 點，美股道瓊指數從 18213 點上漲至 35631 點，費城半導體指數從 1233 點上漲至 3484 點（以上統計至 110 年 10 月 12 日止）。

　　這個事件造成各國股、匯市出現劇變，其中很重要的原因是量化寬鬆政策讓整體物價指數上漲，市場原物料價格相對跟著調整，但鈔票的實質購買力卻是下降的。當時

各國政府推出的各式紓困政策，無疑成為一場及時雨，許多企業與民眾因此受惠，但也有少數民眾誤以為這是天下掉下來的禮物，一湧而上地去銀行借錢。我們必須留意，在收到資金的同時，其實有更大的隱憂在等著我們，也就是量化寬鬆政策會加速未來的物價膨脹，使貨幣變得更不值錢。不過反觀台股的量能卻有非常驚人的成長。

台股市場在民國 105 年日均量為 687 億，108 年日均量為 1094 億，109 年日均量為 1863 億，而 110 年上半年的日均量超過 3000 億，這些都是行情與政策造成的結果，並不是單一因素所能決定的。

投資人在面對各式各樣的天氣時，應該以平常心去面

近10年台股股票每日平均交易金額	
年份	每日平均交易金額
100	106,062,379,110
101	80,952,664,040
102	76,995,661,520
103	88,300,554,330
104	82,751,992,420
105	68,734,178,040
106	97,448,125,590
107	119,873,949,670
108	109,357,965,380
109	186,344,050,330
資料來源：台灣證券交易所	

對，我們要理解，順應市場會帶來意想不到的結果，而長期投資時應該要在每一次的壞天氣投入，利用週期來保護價格，我們種大樹的目的就是為了要未雨綢繆，而平常日就用平常心看待天氣。

時間培養耐心與信心

愛因斯坦曾說過：「複利是世界第八奇蹟，了解它的人可從中獲利，不明白的人將付出代價。」

「複利」是一種不同於單利的計息方式，將每段期間獲得的利息併入本金內，持續累積利息，來達到錢滾錢、利滾利的效果，而複利投資搭配資金的投入，也是許多人在投資理財時會採用的方式，但複利效果珍貴的其實不是「利」，而是時間累積而成的「果」。

我認為「奇蹟」背後最困難的是耐心與信心，要持有一檔配發利息的公司並不難，但要持續有耐心與信心地重複投入卻是不容易的，長期投資的過程中會出現各式各樣的誘惑，並且要面對生活與人生的各種疑問，當你在堅持持有 20% 報酬的同時，要如何不被他人短期獲利 100% 的報酬所影響，才是長期投資走到最後的奇蹟。

在將所有的人為因素提前考量，也有了這市場會有好

天氣與壞天氣的心理建設後，剩下的就是靠時間去證明了。許多新加入的投資人會半途而廢，多數都是在種子還沒發芽時就拔掉，缺乏信心與耐心，耐心需要靠投資人堅持，但信心的養成則必須依靠經驗與事前準備，即使是缺乏經驗的新手投資人，也可以透過大量的規劃與計算去決定一項投資，當你做好十足準備後，這樣的決定將會是當時最好的決定，剩下就交給時間去發酵和證明。

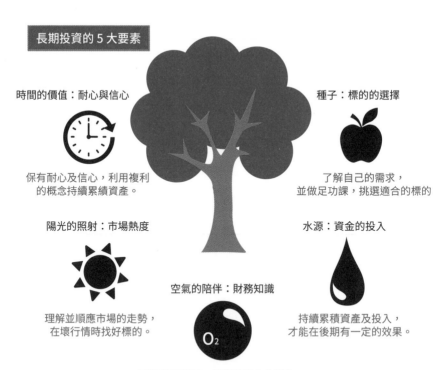

長期投資的 5 大要素

時間的價值：耐心與信心
保有耐心及信心，利用複利的概念持續累績資產。

種子：標的的選擇
了解自己的需求，並做足功課，挑選適合的標的

陽光的照射：市場熱度
理解並順應市場的走勢，在壞行情時找好標的。

水源：資金的投入
持續累積資產及投入，才能在後期有一定的效果。

空氣的陪伴：財務知識
O_2
不斷學習新知，因應市場上的變化。

種下一片森林

　　以一個長期配置的概念來說，種出一棵樹有許多要考量的因素，但如果要種下一片森林就會有更多的概念需要釐清。回到交易市場中，有時候我們面對的最大挑戰並不是暫時性的虧損，而是要如何面對 100％ 的獲利。投資的過程中，有時會遇到帳上獲利不知道是否要停利退場的問題，投資人會擔心未實現獲利最後變成紙上富貴，這時候就需要重新釐清種下一片森林的概念。

　　我們在種下種子之後，總會有幾顆長得特別快，未實現獲利超過我們原本的預期，而在此時我們把時間軸拉長，可以將超出預期獲利的金額拿來種下另外一棵樹，假設我們把整個投資週期拉長到 10 年、20 年，甚至 30 年來看，在後期會有截然不同的效果，那時就不會是大樹，而是一片森林。

　　假設在 20 歲時設定每個月投入 5000 元，20 年之後 40 歲時，本金會有 120 萬元，先暫時排除報酬率及實質購買力下降的問題，此時每月投入的 5000 元會因為比例過低而對整體帳務沒有太大的效益，存款第一年達 60000 元時，5000 元的占比為 8.33％（5000/60000），但在第 20 年後，這個 5000 元會變成 0.41％（5000/1200000）。

　　投資效果的鈍化會使累積資產的進程遲緩，也會讓投資人失去興趣，因此投資人可以在社會上取得金錢能力提升的情況下，將投入的資金比例提升，這樣在後期鈍化的問題也會較小，再利用累積資產的概念種出一片森林。

　　以我自己的做法，多年來只要有額外的收入就會放進投資帳戶，持續累積資金直到時機點出現時，就會果斷投入市場。市場看似詭譎多變，但其實是留給已經準備好的人，有人想要種一棵樹，有人想要一片森林，而想擁有一片森林最好的兩個時機點，一個是 10 年前，一個是現在。

4-2

長期投資 3 大關鍵因素

資金限制

在做一項長期投資前，不管你設定的目標為何，投資人都必須限制能使用的資金，這樣的做法可避免投資人不斷將生活資金盲目投入。

試著問問自己，是否曾經買入一支長期投資的股票後，股價暫時或持續不如預期，但你不願意去停損，反而將交易市場之外的資金不斷買入，並說服自己這是把均價下降的概念，等價格回到預期目標價時就會賺得更多。

如果依照上述的做法，會出現以下幾個問題：

第一，下跌趨勢中的股票再下跌的機率會比較大。

第二，承擔的風險超過你原本的設定。

第三，僥倖一次，未來可能會想再次僥倖，這會讓投資人習慣做出錯誤的動作。

當你不斷挪用生活資金投入時，投資的意義就變質了，若後續股價不斷下跌，可能會影響你的生活，在不願意退場的情況下，生活只剩下滿手套牢的股票，而失去生活該有的品質。但投資的目的應該是提升生活品質，況且股價要再一次回到預期位置也不知道要等多久，或許是 1 個月、1 年、10 年，甚至一輩子，股票市場中這種例子實在太多了，所以投資人最好在事前「將資金限制住」。

投入部位

當我們將資金限制住後，投入的部位也是長期投資一件重要的事情。首先，我會在投資前先把可投入的資金與部位設定好，並以數月或年為觀察和調整的頻率。

投資人可以把長期投資的關鍵放在調整部位的時間點上面，而實際投入的時機點，會設定一年只能將資金分為 3 等分並分 3 次投入，用分批等量的金額進場所選擇的標的，這部分不侷限於股票，也包含外匯、債券、基金、保險等無槓桿的非衍生性金融商品。

將資金等比切割好，就能減少投資人過多的主觀意

識，而數月一次的調整是以損益數字去決定的，也就是使用前面章節所提到的「比較利益原理」，將資金做轉移或退場，而多出來的現金將挪到下一次切入的部分，這樣的做法能讓投資人用數字去掌握目前市場行情的好壞，好的話會在下一次要切入時果斷投入，不好的話你會發現這次的調整退出的現金很多。

長期投資每次投入的資金都會以「存錢」為概念去買入標的，這樣的心理層面會讓投資人在面對震盪時，更能承受價格的暫時虧損與解決時間週期的問題，每年持續投入也會因為時間週期拉長而平滑價格成本，這部分與短線投機「加碼攤平」的心態有些不同。

週期長短

在長期投資上，我相信每個人設定的週期都不太一樣，股神巴菲特曾說過：「如果你不願持有一檔股票10年，最好連10分鐘也不要持有。」 這句話真正的涵義並不是要投資人在任何情況下都不賣出股票，而是希望投資人能在**最有信心**的情況下購入一檔股票，而不是買入10分鐘後就猶豫不決，或真的要投資人買了就不理它，事實上，巴菲特並不是所有股票都持有10年以上，而我們的角度

也完全不同,他是以經營者的角度去投入,但我們多數都是一般投資人。

在長期投資的過程中,會有許多時刻發現短線的報酬比辛苦持有 5 年、10 年還多,也因為這些誘惑而漸漸忽略週期這件事。假設一位投資人的目標是累積千萬資產,那在百萬部位的時候,就不該三心二意,而這個累積的數字金額要依照每個投資人的目標去設定。

若投資人要種出一顆屬於你自己的大樹,不只要陽光、空氣、水,更重要的是時間,在時間與資產累積的過程中,各項要素都很重要。

若以上 3 點關鍵因素都在事前做足了準備,真的有那「萬一」發生時,也比較能從容退場,不管是停損還是停利,都會輕鬆許多。

長期投資的 3 大關鍵因素	
資金限制	限制可投入的資金比例,避免在損益不如預期時,出現僥倖心態而不斷將生活資金投入。
投入部位	將預期投入的部位比例與頻率提前設定好,以分批等量的方式投入,可以減少投資人過於主觀的判斷。
週期長短	依照自己的條件設定週期長短,並在最有信心的情況下買入,就能有信心持續持有,不受到短期投機損益的影響。

4-3

雞生出蛋、誕出商雞：投機

　　以德國股神科斯托蘭尼的理論來說明，股市的循環就像直立的雞蛋，每次升市和跌市，都由 3 個階段組成，分別是修正階段、相隨階段和過熱階段。當股市升得太高，即過熱上漲的階段，下一步就會進入修正階段，接著會有對市場不利的訊息湧現，最後達到下跌的過熱階段並重新來過。

股市的上漲格局

1 A1 修正階段

　　在此階段，投資人可以慢慢買進並培養更多的耐心去等待，建議切入 10 ～ 20% 的資金部位。以我而言，此時買入的股票是研究最多也有信心的，通常標的的選擇會較

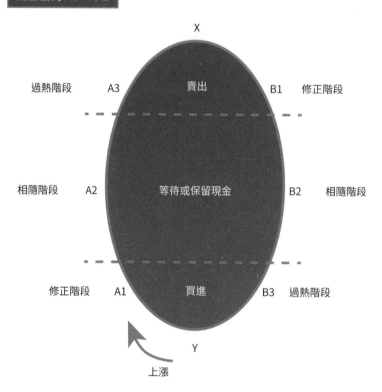

上漲格局 A1 ～ A3

X

過熱階段　A3　　　　賣出　　　　B1　修正階段

相隨階段　A2　　　等待或保留現金　　　B2　相隨階段

修正階段　A1　　　　買進　　　　B3　過熱階段

Y

上漲

股市的上漲格局	
A1 修正階段	股價尚未有表現也未受注意，因此為試單階段，建議投入較少的部位去承受時間與看錯的風險。
A2 相隨階段	價格緩慢爬升，開始受到市場矚目，可以排除流動性風險，將直接建立主要部位到60~80%。
A3 過熱階段	價格抬升速度快且交易量大，先前的部位已脫離成本區，會逐漸退場並視先前獲利金額的情況，使用剩下的20%來操作衍生性金融商品。
A3到B1的動作	價格混亂且多空不明確，此階段股票部位只會有「賣」的動作，直到全數脫手進到X點後開始嘗試做空。

多也可能分散在不同產業，但之後能不能受到市場資金的青睞就是另一回事了，不過無論如何，這時候已經決定要**開始**這筆交易了。

這個階段的困難點在於，需要更多的耐心，因為選中的股票通常不太會立刻被市場注意到，會在這時候切入的人，通常是較有獨立想法的投資人，但就是因為股價尚未有表現，所以很難被更多的投資人發覺，才會在一開始投入較少的部位去承擔時間與看錯的風險，也會將這個階段稱為「試單」的階段。

② A2 相隨階段

當價格慢慢爬升到此階段時，就會有更多的交易量在市場裡面，不管是法人、公司派、投資客、投機客、當沖客、有經驗的散戶，都會在這時候開始注意到這支股票，較大資本額的投資人也就能排除流動性問題。

我通常會在此階段開始建立主要部位，將原本 10 ～ 20% 的部位直接建立到 60 ～ 80%，但這時候也不能不顧成本地隨意切入，一個多頭趨勢的股票會像爬山一樣來來回回許多次，要在其中找到相對好的位置，也就是上升趨勢之中相對低的價格。買在不同位置點，成本均價會完全

不同，這樣的優勢也將影響未來的交易，但只要大趨勢不變，就會朝著大方向前進。

此階段通常都會有各種雜音，會有好消息也會參雜各種壞消息，市場的熱度逐漸提升，大多情況這個相隨階段我稱為市場的「曝光」階段。

③ A3 過熱階段

當價格爬升到此階段時，先前佈局 80% 的部位已經脫離成本區，此時我會在主部位不變的情況下使用槓桿，甚至會做非常短的轉換，將剩下的 20% 資金使用各種衍生性商品來交易，不過投入的金額則會看過去這段時間的獲利去做增減，這樣的做法震盪通常會非常大，在很多時候也可能邊買現股、權證，同時放空期貨，做一個複雜型態的交易，但前提是已經在 A2 階段取得優勢。

依照過去經驗，過熱階段通常到末段時，股價會拉抬得非常快，成交量通常會比前一個階段還要大，此時除了前面提到的衍生性金融商品操作之外，原先的 80% 主要部位會開始慢慢退場，也就是在此階段時，實際的操作會是：賣出現股並將獲利的金額用來操作衍生性金融商品，也因為這邊的交易量很大，所以當初買的部位可以很隨性

地賣出，不需要擔心流動性的風險。

　　此時通常會有各種好消息，新聞媒體無限看好、法人機構調升目標價、身邊親朋好友開始紛紛討論，好消息滿天飛的情況下，會促使各種類型的投資人紛紛買入，此時市場的參與者會較分散。

④ 從 A3 到 B1 的動作

　　在 A3 到 B1 的階段中，市場通常會因為新加入的投資人使價格非常混亂，多空不明確，也是情緒最多的位置點。為了不讓自己有太多的糾結，要專心於自己的交易且盡量少去預測，因此這時候通常都不會談論自己持有的股票，只會專心於交易並同時使用各項工具，將交易量放到最大，心中買賣的方向也很明確，股票的部分只有「賣」的動作。不過在市場一片看好的情況下，你會感覺到大家都與你為敵，在過往自己第一次遇到時會懷疑，第二次遇到時會有些猶豫，第三次遇到時變得很果斷，因為你會發現這就是市場的循環模式，直到自己的部位全數脫手之後，市場也來到 B1 的修正階段。

股市的下跌格局

① B1 修正階段

　　市場價格經過 X 點時，市場上的好消息依然存在，但推升股價的力道會減緩，價格也不再如預期地上漲並開始慢慢出現緩跌的情況，這時候的邏輯會像是 A1 階段一樣，對於做空者來說是一個試單的階段，但差別在於放空使用的衍生性金融商品都會有時間價值的問題，相對來說難度也會比 A1 做多的試單階段高上許多。

② B2 相隨階段

　　如果在前一個階段有試單成功的投資人，來到此階段時會更積極地操作，期貨市場每個月會結算一次，投機客約有 4 週的時間決定是否轉單，但也因為緩漲急跌的股性，所以需要調整整個交易的時間長度，若其中的週期或部位沒抓好，很容易得不償失。

　　這邊還是要再次提醒讀者，做空難度較高，沒有足夠的經驗時，可以選擇直接減碼就好，畢竟前面的循環已經需要花不少時間調整與關注，或許可以利用這段下跌的期間好好去旅行放鬆或學習，只要了解市場循環的概念，在

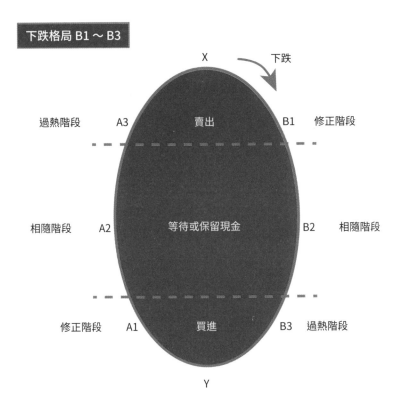

下跌格局 B1 ～ B3

X　　下跌

過熱階段　A3　　賣出　　B1　修正階段

相隨階段　A2　　等待或保留現金　　B2　相隨階段

修正階段　A1　　買進　　B3　過熱階段

Y

股市的下跌格局	
B1 修正階段	價格推升的力道減緩甚至開始緩跌，對於做空者來說是試單階段，但做空的衍生性金融商品有時間價值問題，難度較高。
B2 相隨階段	有做空的投資人會更積極操作並視情況開始回補，可以注意的是，做多的投資人到此階段可能會有加碼攤平的心態出現。
B3 過熱階段	市場會出現各種壞消息，做多的投資人會在恐慌中賣出，交易量與價格走勢都會很大。
Y點之後的事情	市場會變得較慢，不需要積極地盯盤，投資人可以在此階段準備下一次的投入。

好壞行情之中利用資金的高中低調配，也能有不錯的投資績效，也就是說，即使這輩子都不做空也可以從市場中得到你該有的報酬。

這個階段可以特別注意的是，在雞蛋上緣進場且交易經驗較少的投資人，很容易會誤以為此時的下跌僅是回檔，將「輸家攤平加碼」當成「順勢加碼」的概念，但在交易市場中每一次下跌我們都不能預設是回檔還是迴轉，回檔後的上漲自然會有更大的獲利金額，但如果是迴轉將有可能讓資金失去了流動性，所以與其去猜測，還不如把持著幾個重要的觀念去交易即可。

在這個階段會因為輸家攤平的行為，使市場價格出現緩跌狀態，而期貨空方會在這時慢慢做出回補的動作。

③ B3 過熱階段

此階段的市場會出現各種壞消息，如果投資人在前一個階段不斷做出錯誤的加碼攤平動作，在股價快速下跌時，淨值部位會跟著快速減少，此時會出現非常多的恐慌情緒，使得攤平的投資人每晚都失眠，不斷找尋下跌的理由或上漲的希望，在這些煎熬與負面的日子裡，再加上新聞媒體壞消息頻傳，法人機構開始調降目標價、身邊親朋

好友開始避而不談股票時，整個市場會漸漸籠罩在極端負面的氛圍中，直到市場出現一個極端的壞消息，投資人會帶著負面崩潰的情緒，將股票全數出脫，市場價格也會隨之極端下跌，也就到了最後的 Y 點。這時市場的壞消息一擁而上，讓多數的投資人恐慌賣出，此時市場的交易量會變很大，價格走勢也會變成極端。

④ Y 點之後的事情

在雞蛋下緣時，一切的動作都會變得很慢，會有一段時間可以研究下一次想投入的股票，並且計算願意投入的金額，這時不太需要花時間去積極盯盤，是一種淡定的交易模式，而這樣的交易模式算是足足參與了一個完整的循環，接著就是重複上述的各階段，從 10%的資金去切入不同的股票與產業開始，等市場發酵後，將錯誤的部位轉移到正確的部位上面，並且再一次重複上面的動作，也因為這樣形成了一個雞蛋的無限循環。

接受市場的不明朗

前面所分享的雞蛋理論是一個「理想操作狀態」，但實際上這樣的操作是相當有難度的，因為沒人可以準確判

斷市場與價格目前所在的階段，不過投資人可以設定屬於你的 X 與 Y 點，認定價格位階，並依照部位與價格分批去轉換。可以留意的是，在不明朗區域時，將資金部位放小，甚至退場，而在明朗區域時，投資人則積極操作。

由下頁圖可以發現，其實在交易市場中，不明朗的區域比較多，而明朗的區域比較少，因此不使用衍生性商品的投資人只會有一小部分的時間能積極交易，其他更多的時間我們應該承認自己看不懂，在交易市場裡，我們不需要時時去預測走勢，依照自己的方式養雞，就能找到屬於自己的一顆金蛋。

雞蛋不只有一種

電子股市值占台股加權指數的比例，由 1990 年的 2.3%，至 2020 年大幅擴增至 62.3%，金融股則由 36.4% 降至 12.5%。

台灣早期從農業社會開始，一路發展輕工業、重工業，而高附加價值的科技產品出現，讓台灣經濟快速發展，傳統產業與金融業的市值占比也隨之滑落，現今台灣是一個以科技電子類股為主要市場和重點產業的國家。

由於整體市場產業結構的比重和特色，台股加權指數

明朗與不明朗的行情

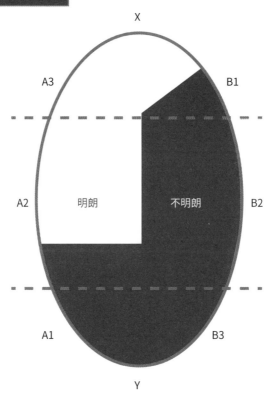

　　明朗區域的走勢會較明確，投資人可以在此時積極交易。不明朗區域的不確定因素較大，投資人可相對保守地看待市場，盡量減少過多的預測。在不明朗區域時，我在市場上的股票庫存會較低，直到明朗區域時才會提高庫存並積極交易。

交易市場中的明朗與不明朗區域	
明朗區域	較能看出明確的走勢，適合各類投資人。
不明朗區域	除了較難看出明確走勢之外，也包含了多空不明確的階段，因此僅適合較有經驗的投資人，也可能會使用到衍生性金融商品。

與電子產業的連動程度偏高，容易相互影響，也因為是指標性的指數，在新聞不斷播送之下，許多新手投資人會單以加權指數來判斷行情好壞。但其實，在股票市場中每年都會有主流股，在順勢的情況下當然會有更好的報酬，逆勢交易的話相對會較差，但將資金做有效的轉換就不需要太過於在乎加權指數。

科斯托蘭尼的雞蛋概念解釋了市場的慣性，但對我來說，雞蛋不會只有一種。

在股票市場中，小至個股，大至指標性指數及各類金融商品包含外匯、債券、黃金、石油、黃豆等等，只要是價差交易，大多可以套用雞蛋理論。而在同一個金融環境內，每個商品都有屬於自己的循環，投資人不該過度以整體市況去判定交易是否會獲利，在股票市場中也不是每一支股票都跟加權指數完全連動。也因為這樣，每個人在交易市場中的派對都不一樣，每一顆雞蛋也都有屬於自己的循環。

┌─ Wade說 ─────────────────────────────┐

投資人容易犯的錯誤是：認為自己虧損時，別人也會虧損；別人賺錢時，自己也會賺錢。

└──────────────────────────────────────┘

雞蛋不只有一種

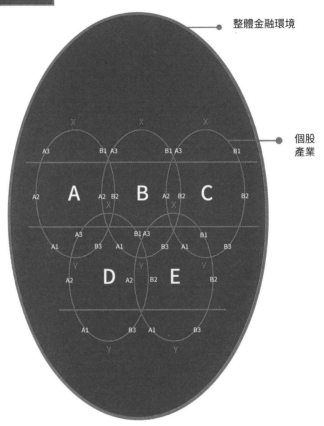

整體金融環境

個股
產業

在大環境下會有大方向的循環，但細分下去不同產業、不同題材、不同個股都會有屬於自己的循環，而這個循環並不一定會跟加權指數同步，也就是說，壞行情也會有飆股，好行情下會有較多的飆股，自然持有飆股的機率較大。

如果沒有幾顆雞蛋，要這麼多籃子幹嘛

關於「雞蛋不要放在同一個籃子裡」這個觀點，我認為並不完全正確，不管是在投資或投機市場中，風險與報酬通常會呈現正相關，這概念在大多情況下適用，但並不是絕對，而資本的大小將會是其中的影響因素。

在資產配置的觀念中，許多人會因為擔心震盪的風險而過度分散自己的資產，造成金錢運轉的效率變差。以我自己的做法來說，會事前將資金分配好並專心於雞蛋本身，而不是籃子，我們可以適度選好幾支喜歡的個股並將資金分散投入，接著再慢慢集中，最後專心於現金與獲利中的個股操作即可。過度分散容易讓投資人看輕每一筆交易，因為即使獲利也僅僅只是蠅頭小利。

我在剛進入交易市場時也曾過度分散自己的資金，讓自己的交易綁手綁腳，最後只有滿手的破雞蛋，後來發現，過度分散雖然能有效降低風險，但實際上獲利空間也跟著被壓縮了，很有可能到頭來只是白忙一場，但也不是說要重壓單一個股，而是先分散再集中，盡量讓持股保持優勢。

許多人認為股票風險較大，因此選擇基金、保險、定存等商品來分散風險，我認為這樣的想法站在宏觀及客觀的角度來說沒有問題，但投資人還是要了解其中的屬性，

許多的基金或保險也都包含股票的風險，而這個風險的大小其實是取決於投資人本身對商品的熟悉度，並不是商品本身。商品本身是客觀的，但能不能獲利則歸因於投資人的能力與決定。

抱著一顆金蛋

在交易市場上，當你資金不足時反而更要集中交易，假設在一開始買進了 5 支個股，給市場一點時間去走出它自己的方向，接著在市場震盪時觀察，可以看出當初所選的股票出現分水嶺，這時候就是考驗人性的時候了。

此時我們必須做出違背人性的動作，也就是賣出賠錢的股票，買進賺錢的股票。但這樣的做法會讓投資人立刻遇到「已實現虧損」，並開始承擔「未實現獲利」的不確定性，不過通常趨勢確立後會朝著最小阻力線前進，不太容易輕易改變方向，因為一檔股票的趨勢改變需要花費很大的力氣。

投資人要不斷以汰弱留強的方式，篩選出優質的股票。以心理交易層面來說，只有一開始是痛苦的，逐漸淘汰方向不明或方向錯誤的股票後，你會發現帳務上只留下一支「會賺錢的股票」，此時也會有多餘的資金可以再做

投資癮筆記 ◾

　最小阻力線是指價格依照供需法則順著趨勢前進，投資人容易對於某個特別價位有先入為主的想法，比如說在 100 元、500 元、1000 元的整數價位上掛委託買賣單，而通常價格只要突破某一個關鍵價位且當時市場沒有出現更大的賣壓時，市場會因為多數人的需求往更高的價位前進而形成最小阻力線。

加碼或調整，投資人也只要好好顧一顆金蛋就足夠了。

　　或許投資人會擔心只持有一支股票會不會抱過一座山就什麼都沒了，這個我們後續會再討論，不過投資人可以想一下，平均買入 20 支不確定方向的股票並不會讓你的總體報酬上升，我們要做的是提升整體帳務的損益，這樣不如專心持有幾支股票，使它的獲利金額成為總資金的 50%，而不是抱著一支獲利 5 倍，但卻只占總資金 1% 的股票，或持有一堆不明確的股票或工具來分散自己的資金。

　　投機者必須專心於自己的蛋，最後才有可能孵化出一顆屬於你的金蛋。

4-4

交易之前必須釐清的事

種樹還是養雞

前面兩個部分討論了長期投資的需求與短線投機的循環，但這兩者在實際交易面很難清楚分辨。有時設定好投資，卻因為價格拉抬速度太快而變成市場裡熱門投機標的；有時設定好要投機，最後卻因為價格不如預期而將它改為長期投資。

絕大多數人進來交易市場的目的都是為了賺錢，不過每個人獲利的目的都不太一樣，目的由大至小主要可以分為退休規畫、置產、結婚、育兒基金、買車、出國遊學、滿足欲望、加菜金等。我們可以先設定一個明確的目標，再從每一個目標進一步擬定策略與選擇使用的工具。

金融商品的獲利方式大致分為兩種：價差與存錢，而

股票、外匯、石油、黃金、小麥、權證、期貨、選擇權、債券到房地產、古董買賣等，多數都是為了從中賺取價差。但實際上，即使是同一項商品，也會因為投資人的目的和操作方式不同而有不同的概念，或是同時符合價差與存錢的功用。

以股票來說，短線投機人認為股票是做價差的工具，不能當作存錢的概念，因為股價的市值會波動，投資人的總淨值可能會減少。但以長期投資來說，就像父母幫小孩存的股票一樣，將持有週期拉長，享受複利帶來的效果，投資人的總淨值可能增加。因此這兩者最大的差別在於你的目的不同。

若以存股為目的，投資人會選擇長期持有好公司的股票，享受每年帶來的現金流，不過從 72 法則來看，假設持有殖利率 8% 的公司，需要 9 年才能翻一倍，若該股在短短一年之間就達到一倍的報酬，投資人可以在已達成目標的情況下選擇將資金轉換到其他長期標的上，賺取 8 年的時間差。

若以價差為目的，通常會買進市場上的強勢股，但遇到價格不如預期時，卻想說背後還有 6 ～ 8% 的殖利率，因此要轉為長期持有，但這樣的做法就違背了期初設定的

目標，甚至可能出現攤平加碼的狀況，最後在過度買進的情況下，會讓所有的資金卡住，當未來出現更好的投資機會也就無法做出調整，形成價差上的僵局。

當然除了股票之外，還有其他不少商品同時符合兩者概念，例如債券利息與房屋租金等，既能當作賺取價差的工具，也能當作存錢，這類型的商品能帶來持續的現金流，在遇到暫時性的資產淨值下跌時，也會留有一定程度的資金可以運用，但要記得總市值不變，最大的差別在於該商品帶來的附加價值。

總結以上觀念，投資人要在事前認定週期與目的，在價差的商品中用最少的時間換取最大的報酬，在存錢的過程中，則用時間換取整體淨值上漲更大的空間。在實際交易面，在壞行情時利用種樹的概念去找好股票，在好行情時利用集中資金的概念去養我們的雞，釐清這兩者的差異並確認自己的需求，就能用不同的心態面對市場的不同樣貌。

用有限資金盡情發揮

許多人會試圖區分投資、投機或賭博，以最籠統的說法應該是用風險大小及研究程度去判定，但在多年的實際

交易經驗之後，我發現對於投資人來說是非常矛盾的，要怎麼分這 3 類根本不是重點，能不能用一套自己的邏輯去交易才是重要的。

我自己的做法是分成投資與投機兩個帳戶，讓數字幫我把混亂地帶拿掉，在市場沒交易的期間，我都會清空投機帳戶，最大的目的是為了重新檢視投資與投機帳戶的調配，以及思考下一個年度的研究與投資方向，以目前的比例會是 70% 的長期投資和 30% 的短線交易，比例的分配完全因人而異，每個人會因為年紀、環境、風險承受度、專業度而不同，前述只是我自己的最適比例，包含考量我的生活與交易情緒。

資金的調配與設定是要讓自己在「有限的資金內」去發揮，過去自己曾經跌入投資與投機的渾沌之中，最大的原因就是資金控管不良，許多原本要長期投資的個股越做越短，變成投機，而原本設定要短線投機的部位卻因為股價不如預期而套牢，變成超長期投資，這是一個實際交易者會遇到的狀況。但將帳戶完全分開後，會發現自己不再跌入這種錯誤之中。

最後，我們可以將投資帳戶當作一個存錢的過程，投機帳戶當作夢想的旅程，投資研究可以讓你在關鍵時刻找

到最有信心的標的，投機經驗可以讓你在關鍵時刻決定投入的部位與工具。

人的一生中其實並不是每個人都需要投資的，假設投資的目的是為了取得「金錢」，進而獲得快樂，但如果你本身在別的領域已經有快速取得金錢的能力，那你應該要追求的是快樂，而不是更多的金錢。

本章重點

1. 長期投資就像種樹，從播種、發芽、茁壯到最後真正成為一棵大樹，都需要種植者的呵護與關注，我們需要不斷努力，才能在想休息時，擁有一棵為自己遮陽乘涼的大樹。

2. 對於資金不足的人，投資績效並不是你的首要目標，累積資產才是。

3. 在面對市場行情，就像面對天氣一樣，應該以平常心去面對。順應市場會帶來意想不到的結果，而長期投資應該要在每一次的壞天氣投入，利用週期來保護部位。

4. 交易市場只有兩件事：一是長期投資會以「存錢」為主；二是短線交易則以「價差」為主。

5. 投資研究可以讓你在關鍵時刻找到最有信心的標的，投機經驗可以讓你在關鍵時刻決定投入的部位與工具。

第 **5** 章

交易的味蕾
金融商品的使用與操作紀律

味蕾是味覺的感受器，是生長於舌頭、上顎和會厭表面的微型結構，在兒童時期，味蕾分布較為廣泛，而老年人的味蕾則因萎縮而減少。正常成年人約有 1 萬多個味蕾，味蕾受到不同物質的刺激，將信息由味神經傳送到大腦味覺中樞，便產生味覺，能品嘗出酸、甜、苦、鹹等滋味。

在交易市場裡，會有成千上萬種類型的投資人，也有各式各樣的想法，一支上漲的股票，有人看好、有人看壞、有人感到喜悅、也有人感受到恐慌，同樣一個食物進入不同人的嘴裡，也會有不一樣的感受，如果我們要當一位優秀的廚師，不需要去迎合別人的口味，只要好好展現自己的廚藝。

5-1

展現廚藝：
各種金融商品的概念

　　過去我曾經認為，只要把一間公司的財報研究透徹及擁有基本的金融理論知識，就有很高的機率能獲利，但事實上卻不是這樣，在買入一間公司以前，我們的確可以用適合自己的方式進場，但在買入之後的市場情緒、持有週期、部位調配、風險承受度才是真正會影響損益的事。

價格與價值

　　在交易市場上，股票的價格是由多數人的共識決定的，也就是說，價格是客觀的。但在買進一檔股票前，投資人會以主觀意識來判斷股票的「價值」，在同一個價格上，有人認為是高點，有人認為是低點，不同的人會有完

全不同的看法,因此所謂的價值也沒有標準答案。

在台灣,多數的公司都會配發利息,在這樣的情況下也產生了**價格**與**價值**的差異。大家熟悉的台股加權指數是以個股還原前的數字表現,我稱它為「價格」,而另一個台灣加權股價報酬指數則是以個股除權息還原後的數字表現,在這裡我將它稱為「價值」。

單純以 18000 點來討論,台股加權指數第一次突破是在 2021 年 7 月 15 日,屬於價格上的突破,而在當時價值為 35061 點,但以還原除權息後的台股加權股價報酬指數來說,早在 2017 年 8 月 7 日就達到價值上的突破。

從以上兩者除權息還原前後的指數概念,我們可以發現價格為市場**此刻**的共識,而價值則為市場**從過去到現在**的表現。

另外可以發現,美股道瓊指數與台股加權指數走勢上最大的差異,主要是配息的有無。美國多數公司採不配息制度,他們認為公司把錢拿去擴廠、研發,為股東創造更多獲利才是重點;而台灣人喜歡配息,台灣公司也為了符合投資人的期待而出現股票利息的概念。在公司發放股利後,投資人可以考慮是否要將資金再投入,也因為這樣,才讓價格與價值出現了差異。

在現代社會，金融商品的樣式越來越多，也讓價格與價值的型態越來越複雜，讓原本單純的投資越來越不單純，且金融商品的複雜程度與用途，將會影響每個人的交易方式。接下來我用餐廳的比喻跟各位分享各項金融商品的概念。

先選好主菜：股票

當我們進到一間餐廳時，可以依照自己的喜好去挑選主菜，有人喜歡吃牛排、有人喜歡吃炒飯、也有人喜歡吃義大利麵，甚至有人進了餐廳什麼也不打算吃，這就像在交易市場之中一樣，我們每個人對於同一支股票的看法會因為喜好而有所不同。

過去我曾經在某一支股票賠過大錢，之後就有先入為主的觀念，它不管多好我都不太有意願買進，雖然這種想法在交易行為上是錯誤的，投資人應該要買進一檔有機會的股票，不要跟金錢過不去，但後來認為這樣的做法其實也沒有什麼不對，因為股票市場太多機會了，不可能買進所有的股票，但至少我們可以決定要吃什麼樣的主菜。我們的資金有限，就像胃能容納的食物也有限一樣，我們不該吃得太飽，而是要吃得剛剛好。

在股票市場上我們時常會不知道如何做出退場的動作,其實退場的時機點取決於個人,如果這筆投資的規畫是短期的,就不該思考幾年以後的事情,也不該過度去關心未來上漲的幅度或糾結那些錯失的獲利,以事後論檢討過去所做的決定反而是不妥的,此時的投資人會陷入「早知道就……」的非客觀思維。試想一下,如果股價下跌,我們反而不會去檢討這筆交易,過度糾結那些沒獲利的交易是浪費時間的行為,所以在交易市場有時我們要用「剛剛好就好」的心態去面對。

加一點調味料:融資、期貨

當我們選好自己的主菜後,會因為每個人喜歡的口味不同,考慮加一點調味料,而這個調味料就是所謂的槓桿,槓桿的適當使用叫點綴,但加太多會讓你像是宿醉。

融資與期貨是較多人使用的衍生性金融商品,這樣的槓桿商品會有一定的風險,在遇到極端值的時候,還可能會有超額損失的問題,不過懂得利用一點點槓桿商品,會將投資效果提升,但前提是要有周全的考量。

許多人認為融資很危險,但其實多數人使用的房貸、車貸也是屬於融資的一種,雖說房貸利率只有融資利率的

1/5 左右，但是該考量的風險也不能忽略，融資買股票隨時可以賣出，而房貸一綁或許就是 20 年。

期貨的槓桿更高，台股加權指數期貨的槓桿是 20 倍，也就是你每投入一塊錢，就會有 20 塊錢的槓桿效果，而且每個月還需要做轉倉的動作，這個動作也會增加交易成本，但就像我說的，槓桿雖然增加了風險，不過我們可以把它當作調味料一樣酌量使用，它會讓你的交易別有一番風味。

至於風險，換個角度來說，就像是一把刀一樣，廚師將它變成廚刀，利用過去多年的經驗，烹調出色香味俱全的美食給饕客，但如果一樣的刀被搶匪拿去使用，就會變成凶器。

時間就是金錢：權證、選擇權

我們選擇一間高級餐廳，除了食物本身，餐廳的裝潢、氣氛、服務及時間也是非常重要的因素。明明一樣的炒飯，在路邊攤只賣 60 元，但在高級餐廳的價格可能是翻倍再翻倍，我們之所以願意付出這樣的價格，就是因為我們希望獲得其他的體驗與服務，而在交易市場中，我把它想成商品的時間價值。

　　權證跟選擇權都有所謂的時間價值，權證賭的是在未來某個時間點該價格的剩餘價值，而這其中的價值包含了時間價值，也就是說只要你持有的時間越久，價格只要沒有往履約價靠近，就有可能持續損失，反向做空的 Put 契約也是相同概念。

　　但在選擇權市場裡面，時間對於買方與賣方有不同的意義與優劣，選擇權主要分成 4 個方向，作為買方的 Buy Call、Buy Put，當市場價格離約定價格越遠時，實際價值會隨著時間流逝而遞減，投資人會開始虧損，相反的，作為賣方的 Sell Call、Sell Put，當市場價格離約定價格越遠時，實際價值會隨著時間流逝而遞增，投資人開始獲利，但相較之下，買方的最大虧損為投入的金額，最大的獲利會依照市場的狀況無上限，賣方則不同，最大的虧損會依照市場的狀況無上限，最大的獲利將是賣出的權利金額，但兩者之中賣方的勝率會較高，相對風險也較大。

　　市面上有許多不同的金融商品，也讓交易市場中有各式各樣的策略與操作模式，過去自己對於每項商品都有一段非常投入的時期，甚至有段時間試著同時將各式商品融合應用，在這個過程中發現，每一項金融商品都是完全不同的領域，因為使用這些商品要考量的不僅僅只有價格與

部位，還需要考量時間。

　　總結以上，如果單純操作股票，考量的是公司的價格與自己的部位，但若要使用到衍生性金融商品，就必須要多考量到時間與空間。

5-2

按照食譜練習：
機械式交易

學會尊重市場

在交易的初期，只要知道有方法可能獲利，我都會想嘗試看看，但後來因為過多的訊息和千奇百怪的嘗試，讓自己疲憊不堪，幾年時間過去，一直覺得還是在這市場上浮浮沉沉，找不到適合自己的方式。

市場上可以賺錢的方式很多，對於初學者來說各式各樣的方式好像都可行，但嘗試後卻都沒信心。股票市場的本質是買低賣高，這簡單的 4 個字卻讓千千萬萬的投資人每天圍著千千萬萬打轉，而我後來發現，會影響損益最主要的原因是投資人的**交易心態**。

很多投資人喜歡將「短時間獲得高報酬」設為投資的

首要目標，卻在實際交易時買入便宜的股票。事實上，這兩件事是相互矛盾的。通常便宜的股票表示短期不受資金的青睞，而昂貴的股票代表正在受到資金的青睞，不論是一般投資人、主力、法人、外資都有可能是資金提供者，這樣的股票通常就是市場上所謂的強勢股或主流股，因此投資人要事先確認好投資的週期及期望的報酬，再去判定股票的價格做出選擇。

在交易的慣性行為中，對交易市場的「過度期望」也是一個需要被改掉的習慣，我們在還沒投資之前會認為投資獲利很容易，也知道果斷停損很重要，但多數投資人都是在事前把停損列在首要，事後當作麻藥，也會忽略投資機率上的問題，因此我們在剛進市場時，總是戒不掉「先停利、不停損」的壞習慣，只願享受獲利而不願面對虧損。

過去我也有這樣的壞習慣，直到某次市場的下跌點，市場多數的投資人包含我自己都剛剛好賣在當天，我那時才了解，帳上的損失都是長久累積而來的，而發生最大虧損的當下，是恐慌感造成的，此刻的行為都是過去造成的，而不是現在才發生。

起初我遇到這個狀況時，不斷提前了結來享受獲利的喜悅，並持續攤平虧損中的股票，妄想有一天股價會回到

我的成本均價,就像個賭徒一樣只祈求拿回本金,但這樣的心理狀態會讓你只想著如何拿回本金,而不是如何賺大錢,久而久之,你的心思會一直放在如何面對損失,獲利也會離你越來越遠。

市場很無情,短短幾個月就給我上了一課,當時很納悶在幾個月前市場一片看好,怎麼在幾個月後就風雲變色,速度快到我匪夷所思,直到有一天,新聞不斷播送融資斷頭、投資人跳樓等等的訊息,市場氛圍有如世界末日一般,當日開盤後也像自由落體一樣快速下跌,當時我打開久久沒開的帳務,看著從沒想過的未實現虧損,第一次感受到市場的無情與自己的無力感,無奈地按下了最後一筆停損單。

停損之後的這幾個月,過去輾轉難眠的夜晚終於有所解脫。冷靜思考那段交易時發現,過去努力研究的獲利模式,好像在那幾個月都失效了,各種外部的資訊都變成負擔,甚至不斷猜疑隔天的漲與跌,心情也跟隨市場上下起伏。幸好當年資本額不大,雖然沒什麼資金了,但也不至於家破人亡。在市場上大多數交易行為都是零和遊戲,有人買就有人賣,有人賠錢就會有人賺錢,如果以交易行為來說我當時是錯誤的話,那一定會有投資人做出正確的動

作，因此我將過去所有錯誤的經驗記錄下來，並告訴自己別再重蹈覆轍。

我決定先改掉第一個壞習慣：從總是撿便宜的股票，改成只買上漲的股票。

買上漲中的股票並同時減少下跌中的部位，能避掉很多實際交易的問題，投資人如果總想要買下跌中的股票，很有可能會因為持續下跌造成帳面不斷虧損。在股票市場中，從來沒看過創新高的股票下市，但下市的股票通常都是那些創新低的。

不過，經過前段時間的虧損，當時資金僅剩少少的20 萬，即使是每年 20% 的報酬也無法改變我原來的生活，所以我決定開始投機。當時選擇的是權證，優點是槓桿大、風險有限，至少不會超額損失，而缺點是可能會有人為因素的影響。當時我告訴自己，這 20 萬就是我在交易市場中最後的籌碼。

當工具找到了，心態也改變了，我決定重新開始設定所有進場條件，將過往幻想著獲利的想法轉變成嚴格設定停損的做法，開始買進上漲的股票，賣掉下跌中的股票，也因為交易行為的改變，讓我對整個市場的心態轉為正面，也越來越穩定，越來越有信心，漸漸也開始獲利了。

交易市場的第一課：先學會少賠錢

當你相信交易市場是機率遊戲時，對錯就已經不那麼重要了。

從賠錢開始練習，到後來的少賠，我漸漸發覺到一件事，就是只要我能專心於停損上面，盡量讓自己的虧損減少，剩下的機會就都會是賺錢了。當時用了一個**反思維**去思考，並且認知到市場沒有絕對，它是一場機率遊戲，而機率自然包含許多變動的因素，就投資者而言，除了標的與工具，能在事前設定的就是「資金部位」，因此在計算機率時，必須把能固定的因素都先設定好，再針對其他變動因素去優化。

當重新回到交易市場並決定只買入上漲中的股票時，我將每筆投入的資金設定以等比投入的方式交易，把剩下的目光集中在選股、進場及出場 3 個簡單的動作上面，而在有限的資金下自然也能排除掉過多的猜疑與預判，這樣的交易方式就是我心中的「機械式交易」。

「機械式交易」做法的特性在於需要立即性的表現，因此會選擇正在創新高的個股。這樣的股票通常會在短時間內出現方向，不管向上或向下，我稱為「關鍵點」。在此時切入會讓投資人猜疑的心態降到最低，每次決定都在

關鍵位置點時，會把等待的時間直接去除，自然也能在看錯的情況下快速停損。

機械式交易

盤前設定：

　　1. 資金一律以「等比」的方式投入。

　　2. 找尋可能創新高或創波段新高的股票。

　　比例：

　　若選擇 1 檔，持有資金為 30%

　　若選擇 2 檔，持有資金為 20%、20%

　　若選擇 3 檔，持有資金為 15%、15%、15%

　　若選擇 4 檔，持 有 資 金 為 12.5%、12.5%、12.5%、
　　　　12.5%

　　（以上條件都是尚未獲利時最多的持有部位）

　　假設其中一檔部位開始獲利時，可以等比將該部位提高或再新增其他標的，後續再持續觀察部位去調整，不斷地汰弱留強，這樣的做法是盡量讓帳務維持在**獲利中**。

　　以心理角度來說，在維持獲利的情況下，投資人隨時都可以退場重新來過，再慢慢建立，面對市場價格時，不

要讓走勢逼著你退場,而是要自己決定。假設你現在持有的庫存沒辦法讓你隨時離開,代表你的持股被市場左右,而失去了決定權,**投資人在交易的時候必須隨時把決定權拿在手上,不需要交給任何人,包括市場。**

用這樣的心態交易就不會有太多的猜疑,但是否要達到 100% 的庫存水位取決於個人,風險屬性高或這筆資金對自己生活的影響比例較低時,就可以用 100% 去調整,若這筆資金對生活影響度高時,就不要超過 50%。

盤中操作:

1. 開盤後找尋當日可能創大量的股票列入自選股。

2. 想新增一檔股票,就賣出原本的部位來控制風險。

3. 最後一盤觀察原本的持股是否達到退場點,如果有就停損,如果仍有資金空間,可新增買進等比的部位,但在未實現為獲利以前,持有資金不超過總資金的 60%。

4. 停利可依個人選擇,我的方式是當持有 100% 部位時,若遇到認為期望值較高的股票就會選擇停利,將資金轉到另一支喜歡的股票上,盡量讓自己的庫存保持優勢,留下一個好心情離開交易桌。

依上述的設定方式，買進較有機會創新高的股票，再加上嚴格設定停損點，控制每一筆的虧損，這樣一來一往汰弱留強的過程，就會使獲利的金額大於停損的金額，也就能在資金等比投入的情況下維持 51% 以上的勝率，而行情好時可能會到 8、9 成，行情不好時可能就是 55 波。

等比投入資金最主要的原因是可以讓投資人專注於**選股、進場**及**出場**這 3 個動作，也能累積投資人的**信心**，買入後只需要將注意力放在「如何在看錯時將損失降到最低」即可，剩下的就讓獲利去飛。

以當年的我來說，非常需要這樣的獲利條件，也因為這樣的訓練，前面所設定的條件已經成為一種慣性及紀律，我認知到如果能有效控制自己的欲望，也可以有不錯的勝率，但並不表示這件事很容易。投資人還是需要在一開始就拋棄「買便宜」的舊思維，從買便宜的變成買昂貴的，接著要控制欲望，不能萌生出「看對買太少」的想法，因為投資人無法保證這一筆交易是對的還是錯的。

在使用機械式交易一段時間後，我終於找到一個令自己安心的交易方式，除了開始獲利之外，更重要的是「知道自己在幹嘛」。或許這句話聽起來有些奇怪，但其實在交易市場中，有許多投資人並不清楚自己每個動作背後的

投資癮筆記 ▰▰▰▰▰▰▰▰▰▰▰▰ ▢

傑西・李佛摩（Jesse Livermore）曾在他的自傳中說過：
「我只有在違背自己的規則時，才會虧損。」

動機及原因，策略也沒有經過完整的設計，甚至不清楚自
己所買的公司是做什麼的，或是對交易市場的基礎規則始
終懵懵懂懂。

在麻將桌上，我們至少要知道如何胡牌才會上牌桌，
但還是有很多人不太清楚完整規則就坐上賭桌，這樣的輕
忽自然也容易被老手欺負，或許新手偶爾會有不錯的運
氣，但長久下來老手終究會因為過往的經驗而較有優勢，
也不容易被一時的勝負給打亂節奏。

因此投資人除了要知道自己在幹嘛之外，也要對交易
市場有信心，認為自己是有機會可以獲利的。我們上了麻
將桌，就是為了贏，但如果從來沒贏過的人對於贏會非常
陌生，甚至贏了之後會特別緊張，所以我時常認為在交易
市場中停損其實不難，退場就好，但獲利的時候會有各種
複雜的情緒，也會有買太少、賣太早、何時賣等等的問題。

就好比暢銷書《先別急著吃棉花糖》（*Don't Eat the*

Marshmallow... Yet!）中提到的實驗：在史丹佛大學一個代表性的實驗中，他們把小孩單獨留在房間裡，讓他們選擇是要馬上吃掉 1 塊棉花糖，還是等 15 分鐘後，可以吃 2 塊棉花糖。研究人員發現，能夠等待獎賞的小孩，長大後大多比馬上吃掉棉花糖的小孩成功。

這個「棉花糖理論」告訴我們一件事：成功與失敗的差別，並不光是努力工作或夠不夠聰明，而是在於擁有「延遲享樂」的特質。不急著吃的人，較容易獲得成功，而急著吃掉的人，則不斷地在消耗機會。

雖然這實驗要告訴人們忍住誘惑可以得到更多，但前提是你必須信任這個研究員，堅信他會給你第二塊棉花糖才會成立，而這其中的不確定性才是對於人性的考驗。回到交易市場中，忍住不一定能吃到棉花糖，也有可能最後什麼都吃不到，所以機械式交易的概念是希望盡量避免人性的猜疑，因此會在事前將進場跟退場的點都先想好，排除要不要多吃一塊棉花糖的心理誘惑。

在交易一段時間、開始追求所謂的穩定獲利時，可能會開始發生一些問題，像是在行情大好的時候會發現，當你停損後，市場已經在暫時性的下跌之後轉為上漲，因此似乎加碼攤平的報酬會更可觀，於是開始懷疑這次的停損

是否有意義、如果將控制風險的概念拿掉是否可以賺得更多？但這樣的想法容易有過度樂觀的情況，在好行情時是可行的，如果是在壞行情的情況下，股價可能一去不回。

機械式的交易策略控制了風險也控制了獲利，在大量交易後的回測發現雖然有較高的勝率，但當你的部位大到有可能影響到市場價格時，就會引起一些注意，甚至帶來不必要的麻煩，隨之而來就有可能影響你的獲利比例，造成勝率下降，而這些都將是新的挑戰。也因為這樣，不管是工具還是心態都**被迫**要改變，以心理層面來說，人的欲望可能因為數字的成長開始有不一樣的變化，開始沒這麼喜歡這個「穩定」。

機械式交易可以讓投資人不去想賺多少或賠多少，而是去思考如何把一件事做好，把金錢加在你身上的情緒枷鎖給拿掉。

5-3

加重口味：
過度交易

無聊的獲利

經過一段時間的機械式交易後，對於未知的市場會越來越熟悉，交易的好習慣在這段時間已經從自律變成自信，也就沒有過多不必要的情緒，對於市場已經不再感到新鮮，卻又期望有更高的獲利。

如果使用機械式交易，在後期想突破的話，會有兩個問題要解決，第一是資金上的限制，當你的部位比以往多的時候，在同一價位上有可能無法賣出你想要賣的部位，甚至有可能影響到市場價格，無法像小資金一樣可以快速進出。

這對於當時的自己的確是一個很大的瓶頸，每位全職

投資人對於市場的報酬率都希望有無限幻想，但當我們知道自己的獲利條件有上限時，就彷彿被宣判死刑，也會開始想嘗試不一樣的做法，試著突破原本的交易策略。

當時的我開始使用更多更複雜的交易方式，工具包含股票、融資、權證、期貨、選擇權，交易策略有當沖、隔日沖、波段、長期投資、近遠月套利、玩時間、玩空間、玩部位、玩價位。當時想要徹底重新定位自己心中所謂的交易策略，沒日沒夜地一頭栽進去研究，從日股、韓股、台股、夜盤期貨、歐股美股都在研究，試著找尋一個完美的聖杯，找尋是否有一種可以更輕鬆、安全且獲利更可觀的方式。

不要覺得這樣沒日沒夜的交易很難想像，回想一下自己或身邊的朋友，有沒有那種打遊戲到半夜忘記時間空間甚至都不睡覺的人，在遊戲世界中，反饋是即時的，玩到贏會開心，覺得有成就感就會繼續玩；玩得不好會不開心，要突破證明自己，所以不管好的壞的都會讓玩家持續下一場遊戲。

對於當時的我來說，交易就是這種感覺，差別只在於我玩的不是虛擬遊戲，而是真實的交易，在投入一件有興趣且刺激的事情中，你會忘記時間甚至忘記空間，當時的

自己就是深深投入了這個交易的遊戲世界裡，也在離開了無聊的獲利之後，為了尋求這個刺激感，膽子越來越大，部位越放越大，數字越來越高。但這個刺激感要付出不一樣的代價，當初機械式交易之所以設定買入資金，除了要控制風險之外，也想要控制情緒，然而將等比部位概念拿掉之後，風險與報酬也等比上升了，情緒也是。

鋼索上的情緒

當調味料越加越重時，投資人的口味也越吃越重，這樣的交易很刺激也很有挑戰性，但到後來會發現，在交易市場裡人的欲望是無窮的，因為不管你的資金為何都沒有辦法完全左右市場，或許很多人會說主力可以操控價格，我覺得這句話是對的也是錯的，應該說主力可以影響價格，但無法操控價格，而所謂的百億主力並不是想去控制價格，而是利用價格。換到實際面來說，要大量買進單一股票卻不影響價格也是另一門技術，更進一步說，要大量買進一支股票且期望未來以更高價格賣出，是更深一層的思考。我們都喜歡問要買什麼股票，但市場的主力思維是，當我買進一支股票之後，要怎麼賣才是重點，意思是即使你擁有在外流通 100% 的股票，要如何將這些部位以更高

的價格賣出才是交易的關鍵所在，所以多數人跟主力的思維會剛好相反。

我們總是想著要買進什麼股票，主力則是在想買進後要如何賣出，這也是交易市場有趣的地方，事實上市場並沒有所謂的主力，每一個市面上說的主力都是別人賦予給他的稱號，主力本身並不把自己當主力，試著想一下，任何一位主力只要有想要逆勢而為的心態，絕對會被市場教訓一番。在市場裡，只有市場是老師，主力在做的是順著市場價格去交易，而不是對抗市場，我們的心態也要變成如何順著主力去交易，而不是對抗主力，不要有仇視主力的心態，因為這樣只會成為你投資上的阻力。

我們要把自己當作一個單純的交易者，不管你現在的部位跟投資階段為何，都要借助市場的趨勢順勢向上或向下做，而不是逆勢而為，所以只要投資人無法控制所謂的欲望，並妄想自己可以改變市場或控制價格的話，就只會讓自己陷入更大的漩渦之中，讓自己處在一個鋼索上的情緒。

每個人的身心靈都是有極限的，當時這種每天走在鋼索上的情緒開始侵蝕我的生活，也影響了我的健康，那段時間的投入程度是忘我的，時常好幾個禮拜不跟人說話，

包括我的家人，我對於交易市場以外的事情漠不關心，甚
至認為金錢能解決所有的事情，眼裡變成只有數字，每天
絞盡腦汁在想如何突破再突破，優化再優化，口味也越來
越重，漸漸地像是吸鴉片般上癮，無法脫離數字的世界，
也開始有了投資癮。

本章重點

1. 越便宜的股票在交易市場中會往更便宜的方向走，而創新高的股票容易再創新高，價格會沿市場上多數人實際購入的力量前進。

2. 風險就像一把刀，廚師將它變成廚刀，烹調出色香味俱全的美食給饕客，但如果一樣的刀被搶匪拿去使用，就會變成凶器。

3. 多數投資人都是在事前把停損列在首要，事後當作麻藥，也會忽略投資機率上的問題。因此剛進市場總是戒不掉「先停利、不停損」的壞習慣，只願享受獲利而不願面對虧損。

4. 拋棄「買便宜」的舊思維，從買便宜的變成買昂貴的，接著要控制欲望，不能萌生出「看對買太少」的思維，因為無法保證這一筆交易是對的還是錯的。

5. 仇視主力只會成為你交易上的阻力，順勢才能成為助力。

從自信、自負到自律
面對交易的低潮期

一般人在面對特定或陌生的環境與事物時，例如黑暗、高處、深水、火等等，往往會感到恐懼。這種恐懼或許是源自原始社會在野外生活的人類，為了適應大自然而有的本能反應。但無論如何，以一句話概括恐懼的話，我認為是：「當人們面對不熟悉的人事物時，所產生的一種不確定感。」

　　而在金錢遊戲中，我們除了要面對不確定的機率外，往往還會面對擁有金錢後又再度失去的遺憾。

6-1

斷掉的橡皮筋

千萬以後的想像

意識到自己有了投資癮後的某一天，我突然發現自己賺到了人生的第一個 1000 萬，這對一個剛出社會、只領最低薪資的我來說，是從沒想過的事。還記得剛到金融業的第一天，我給自己的目標是在 5 年存 100 萬，沒想到在交易市場裡金錢的流動如此快速，使原本預定的目標更快達到，而我也在有了千萬資金後開始思考，若把資金投入穩定配發股息超過 5% 的公司，每年將可領 50 ～ 100 萬的利息，對照當時在金融業年薪約 30 萬的我來說，已經足夠了，於是我開始規劃退休生活，去追隨所謂的「財富自由」。

但此時，我內心突然出現另一個聲音：假如能賺 1000 萬，為何不賺 1 億？

　　雖然當時有買房、買車的想法，但以資產價值來說，新車落地可能會貶值、房子投報率不比當時自己交易高，變現速度也比股票慢，房地產對我來說因為是新的領域，所以需要花費不少心力學習，在買房後也可能沒有剩餘資金可以交易，還要背上多年的房貸。現今社會許多年輕人出社會的第一個目標就是買一間房子，誤以為買了房後生活就會徹底改變，但以現實面來說，多數的年輕人可能不吃不喝 20 年都買不了一間市區的房子，變成可能要犧牲原本的生活品質來換取未來**可能**的生活品質。買房還是租房，是許多年輕人會討論的議題，但其實就像投資股票一樣，這也是因人而異。市面上充斥著租不如買的概念，不禁令人思考，這是建商銷售的廣告詞，還是真的為了年輕人著想？

　　除了買房之外，許多社會新鮮人喜歡將存到第一個 100 萬設為目標，試著用極簡甚至克難的方式去生活。當時的我也因為這樣買了人生的第一張儲蓄險，但我比較幸運的是在交易上獲得金錢的速度比多數人快，不過當時存錢的目的並不是為了買房，而是為了養成自律的習慣。在存錢的過程中，我不斷思考該如何利用這筆錢，而不是單純只為了達標。然而諷刺的是，當你達到 100 萬的目標時，

會發現人生最精華的幾年歲月，比不上市中心一個停車位的價格。就這樣，了解越多現實面，反而越無力。

當了解更多現實面之後我才發現 1000 萬相當渺小。因此在當時對於規劃退休生活的結論是：不如等到 2000 萬、3000 萬、1 億以後再思考吧。

財富自由的定義，對我來說，從上班族的百萬存款，衍生到交易的千萬資金，最後將 1 億設為終點。不過，一旦設定了時間與獲利目標之後，交易的噩夢也開始了，當投資人心中有一個預期達到的獲利金額時，在停損停利的當下會出現各種聲音，停損時會發現離獲利目標更遠，而不願去停損，停利時會發現離目標還有很大的差距，而不願去停利，在一來一往的聲音交錯之下，交易漸漸變得複雜，資金累積的差距感沒有縮小，反而變得更大了，也離心中的財富自由越來越遠。

> **Wade說**
>
> **貧窮不是限制了想像，貧窮是因為總是在想像。**

從自信到自負

當全職投資人的這段時間,身邊的人總會認為你在「玩」,許多人會勸你找一份正當的工作,因為股票交易這樣的工作方式並不符合社會期待。

對於交易,我很認真地鑽研,因此清楚知道每一個動作的細節跟背後的涵義,卻始終被他人認定為不務正業。但當時的我是把交易當作創業,而且當你一旦踏入這個領域,就很難回去了,無論成功或失敗。如果成功,就不需在制式的低薪制度下被埋沒,也不用在職場後期領高薪還要被課 40% 的高額稅賦;如果失敗了,也很難適應回去領低薪,因為一天的交易成本已超過當時的年薪。這也是全職交易後對價值觀帶來的衝擊。

因此在外人的不諒解之下,我漸漸對於交易的事越來越低調,在交易市場中,損益很真實,我很少跟自己妥協,也不想被人妥協,所以越來越自我,也不願與別人溝通,我開始比以前更無聲,但交易金額卻越來越大,在封閉交易的那段時間,完全沒有接收外界的聲音,並將所有外部的交易策略全拋到腦後,只專心於自己的交易世界。

不過後來在自信漸漸膨脹的情況下,我開始連**市場價格**都不尊重了,認為自己不會犯錯,自負地將資金限制拿

掉，金錢的跳動到了新的層級，每秒的數字變化也超乎自己的想像，一次次的獲利金額使自己的資金水位達到從沒想過的部位，眼看這個數字越來越大，當日的損益越來越高，而這個野心也被無限放大，盤中每分每秒心臟加速的感覺，讓投資癮日益加劇，與機械式交易的日子有截然不同的感受。

當初在機械式交易時，能保持理性並相信交易僅僅是機率遊戲，主要是因為有做好資金控管，並將注意力放在選股、加減碼、停損、停利上。只不過在拿掉資金限制後，我才發現情緒帶來的刺激感讓我很陌生，就像打開潘朵拉的盒子。

還記得當時盤中視線完全無法離開螢幕，連喝水都改用吸管，套一句周星馳電影裡的話，每日盤中都是「一秒鐘幾十萬上下」，但也因為這樣，收盤後都有種精疲力盡的感覺，就像一條橡皮筋被市場無數次拉扯之後，失去了彈性。

飛太遠，太危險

對當時一心想一夜致富的我來說，台股交易早已不能滿足我的投資癮，我開始將交易世界擴展到更多地方，從台股、日股、韓股，接著交易盤後期貨，晚上接續著看歐

股、美股等等，生活完全被交易束縛，作息變得零碎破散，交易壓力也從盤中轉移到盤後，開始侵蝕了原本自律的生活方式。我把時間、空間都貢獻給這些一連串的數字欲望。而且當第一次發現自己可以影響價格時，也開始想與他人比較，當比較的心態逐漸明顯，原本的自信也轉變為自負，於是我開始隨性地交易。當時的我，就像斷了線的風箏，越飛越高，也越飛越遠。

自負的心態除了在交易市場，也蔓延到了生活。因為在交易市場做出正確的動作時，金錢會來得非常快，過往那些不曾想過要滿足的物欲，已經變得相對容易取得，心想只要回到交易桌上動動手指頭就有錢了。這種錯誤的心態也慢慢影響我的價值觀，當時正好開始使用社群媒體，時常在網路上看到別人光鮮亮麗的一面，例如新車、新房、高級餐廳、高級旅遊等等的照片，我不禁在想：是否要將數字換成這些東西呢？

此外，原本一直以來都有去傳統市場幫忙的我，也開始認為沒那個必要，父母親工作的年收入早已不比自己當時一天的損益，對傳統市場的那些買賣也絲毫不感興趣了，手中握著的紅色紙鈔早已失去原本的價值，漸漸地，我與家人的價值觀差距越來越大。

現在回頭看才發現，當時之所以從自信變得這麼自

負，關鍵就在於**比較心態**。你可以自信地做任何事，因為正面思考會增加成功的機率，但從來沒有一個人是因為負面思考而成功的。一旦在自信的過程中出現偏差行為，認為只有自己才是對的，這時自信就不是為了致富，只會讓人變得自負。

欲望趕不上現況

　　看著帳面數字的上升，我的內心卻非常空虛，資產累積的速度超乎我以往的想像，卻得不到任何成就感，因為只要離開交易桌的我什麼都不會，我將我所有的時間都放在交易上面。當時看著眼前的數字，覺得一切都好虛幻，也很不真實，我不禁開始思考人生的意義是什麼。

　　在長時間的孤僻與封閉的交易思維裡，我開始嘗試獨旅，有次在國外，依然離不開交易的我，在出國前留下了少部分的空單，在國外的某天早上，起床用手機看一下盤勢，發現損益沒有什麼太大變化於是再次入睡，快中午起床後，帳務竟然在 2 小時內多了百萬，收盤前就隨性地把部位結清，那時發覺金錢來得太容易了，但心中的空虛卻絲毫沒有減少。

　　當時一個人在國外的街道上閒晃，不斷思考金錢到底

是什麼。一次賴床竟然會有這麼大的損益變動，讓我想起幾年前領薪水的那些日子，當時還是個計劃著 5 年後要存到百萬的上班族。對比之下，如今竟然已有這麼大的轉變，於是我開始迷失、開始徬徨，開始懷疑眼前的數字真的是我這輩子想追求的嗎？

回國後，我開始找尋各種方式填滿我的空虛感，並時不時將交易市場裡的金錢花費在物質上面，試著想向旁人證明自己的價值，但即使是這樣，空虛感依然揮之不去。

在價值觀不斷被衝擊的情況下，我的交易開始越來越不順，自負的力量日益高漲，此時的我開始買進股票就下跌、放空股票就上漲，好像市場在跟我作對一樣，全世界都在反對我。我的自信也漸漸被擊垮，交易與生活一團混亂，我就像一架失控的飛機，找不到平衡。

眼看著淨值持續下降，我抱持著一定會像以前一樣賺回來的心態，開始做出從沒做過的行為，包括加碼攤平、放空強勢、做多弱勢、隨性交易、不願停損、抱持僥倖心態等等，就在短短幾個月時間，我的交易突然回到剛出社會時那種不斷被市場教訓的模樣。而且等我意識到這些問題時，淨值已下降超過 40% 了，於是我的交易心態開始炸裂，越交易越無力，想要追尋更準確的眼光，卻讓自己

的決定更膽怯，看對的總是買進一點點，而且即使看對也會在上漲的前一刻全數出清。同時我也不斷在停損，看對停損、看錯也停損，總是被市場價格的搖擺甩出去。

　　這樣的情形持續發生，讓我開始對交易感到害怕，身心靈異常疲憊。我不斷努力想解決交易策略的問題，但始終解決不了。直到某日的大停損之後，我無力地躺在家中的沙發上，像顆洩了氣的氣球一樣。當時，我閉上眼睛，突然想到我已經好久好久沒跟人說話了，包括我的父母。我想到父母每日清晨在傳統市場賺的銅板，自己在盤中如果有幾個錯誤決定，就能讓他們的辛苦歸零，那種自責感越來越重。我突然有了想不開的念頭，但想著想著也就睡著了。在夢裡，畫面出現家中的頂樓，隨後聽見花盆落地並破碎的聲音，我心想，或許這是唯一解決的方式嗎？突然間，夢裡出現母親的聲音，她淡淡地說了一句：「吃飯了。」

　　那熟悉又溫暖的聲音，讓我從交易的世界回到現實裡。我也才發現，在交易世界裡沒人可以幫我，但在交易世界外的家人，其實一直都在我身邊，而且自己早已忘記有多久沒有好好吃飯了。當時起床後，我只有兩個選擇，一個是頂樓，一個是看醫生。

　　在我的觀念裡，只有生病的人才需要去看身心科，但

當時的我心力憔悴，在找不到解決方法的情況下，鼓起勇氣上網查了附近的診所，到了門診，在醫生面前我把這段時間的事都跟他說，而醫生的一句話讓我印象深刻：「你還年輕，不要做傻事，未來回頭都會是小事。」他開了藥給我之後，我才明白，我並不是交易技術出了問題，而是心理出了狀況。也是從那時起，我才深刻體會到原來交易考驗的是**心理**。

回到家之後，手上拿著抗憂鬱的藥物，我對著這些這輩子從沒想過會碰的藥物發誓，我只會吃這一次，也是最後一次，未來的日子裡我會靠自己走出陰霾。

各位可能會想，為什麼看一次醫生就能重新振作起來？原因是在全職交易這段期間，當遇到操作策略有問題時，我會習慣立刻解決或是避開，因此我不怕出問題，而是怕找不出問題。但在過往那段沒日沒夜鑽研各種交易策略的日子裡，換來的不是更多的金錢，而是鉅額的虧損與混雜的交易行為，當下我找不到問題。直到從醫生口中才得知，問題來自我自己的心理。

隔天起床，我出清了所有部位，並將電腦關閉。我清楚知道我的心態出了問題，在這個情況下繼續交易只會持續虧損，所以必須下定決心重新來過。既然是心理出了狀

況，就該從「心」開始調整，出清部位之後，我終於正視那段日子遲遲不敢面對的損益數字，我需要知道自己還剩下多少的資金以及多少時間可以交易，畢竟在沒有其他收入的狀況下，我只能靠交易維生，所以我計算了基本的開銷後，開始好好規劃一段**不交易**的日子。

在不交易的那段日子，我大量閱讀書籍，不管是投資的、心理的、運動的、哲學的，什麼書都看，當時告訴自己：「成功與失敗只是人生的一個過程，如果現在就停下來，也就結束了。但如果在失敗的時候持續努力，這段煎熬的日子也只是生命中的一小部分。」於是我開始正視這段期間所有的壞習慣，發現這些壞習慣不是只有在交易行為中，而是在生活中一點一滴累積的，也意識到自己過去將生活與交易混在一起了。把心思放在重建自己時，就不該再回想過往的獲利，讓過去的枷鎖綁住未來的操作。如果想重新開始，所有的計畫都該指向未來。

Wade說

如果將投資當作生活的一部分，就會是人生的潤滑劑；
如果將生活當作投資的一部分，真實世界將失去意義。

6-2

走過低潮

交易的持續性

在沒交易的那段日子裡，我發現了幾個問題：首先，**拿掉資金限制**後，對於數字就會有無謂的想像，進而造成非常多的情緒，可能會有先入為主、預期心理、早知道、看對買太少、看錯買太多、這次應該不一樣等等各種聲音出現，獲利數字雖然快速上升，但相對的停損數字也越來越大，認為自己能接受設定好的停損金額，但實際上在面對未實現虧損時，會出現僥倖心態，進而開始欺騙自己。

再來，出現了**過度自信**的問題，過度膨脹自己的看法，開始輕忽市場，也因為獲利的數字來得太快開始**看不起小錢**，不僅忽略交易成本，也忽視了緩慢致富的精髓。最後，將**投資的事帶到生活**上，讓交易侵蝕到原本樸實的生活。

　　這些問題衍生出更多的問題，一點一滴動搖內心的平靜，這種情緒上的動搖，不管是對心理還是身體來說，都會出狀況，就像是泡沫一樣，可能一碰就碎，這也引發我進一步思考「交易的持續性」。

　　關於交易持續性的想法，我以田徑場上的跑者來比喻。跑者有分長跑與短跑選手，不管是訓練方式、心態，甚至連最表面的體態，都會有非常大的差異。如果比賽項目是馬拉松，跑者會將訓練重心放在肌耐力與體力上，而在跑步的過程中會專注於自身的呼吸與步伐的一致性，心態上則需要更多的耐心跟堅持，不該被身旁的其他跑者影響，目標會放在先完賽、再優化。

　　若比賽項目是 100 公尺短跑時，跑者會將訓練重心放在爆發力與核心上，跑步時專心在起跑前與跑步時的每個細微動作，且針對小細節做微調，為的僅僅是那零點幾秒的差距，而在心態上則需要更多的信心，目標會放在持續突破自己。

　　在長跑比賽中，能完賽就是一種肯定，但 100 公尺競賽單純比的是速度而不是完賽。多數人會因為跑完 100 公里而感動，但我們並不會因為跑完 100 公尺而得到成就感，所以不同的跑者與賽事，會有完全不同的考量點。

　　回到交易市場，若將投資這件事當成終身事業，就應該以馬拉松的概念為主，完不完賽就像能不能利用投資來提高生活品質。在嚴格的資金控管下，應該把目標放在持續性，而不是過度衝刺。拿掉資金控管並情緒化地交易，就好比能力與體力尚未達到更高層級之前，就幻想剩下幾十公里都用衝刺一樣，失去了馬拉松選手的續航力。

　　後來我才知道，過去每一次守著的紀律，都是為了避免某次的崩壞。交易的生涯可長可短，但只要還在交易市場，若出現一次僥倖心態，就可能終止你的交易生涯。

生活自律，交易才會自律

　　經歷一段整理思緒的日子後，我開始重建自己的交易，第一步並非從交易策略開始，而是從生活開始。我重新回到許久沒去的傳統市場，開始享受賺硬幣的愉悅，開始體驗賺錢的辛苦，不再只是按按鍵盤上的數字。我開始與家人說話，也開始與朋友聊天，每天晨跑、健身、學習新事物，並重新體驗真實的生活。

　　重新調整生活的節奏後，我發現交易世界並不是唯一的世界。那段時間我依然每天看盤，但不打算交易，只讓自己感受盤面，那時候的我彷彿感受到市場在與我溝通，

我好像能知道它想跟我表達什麼，就像是靜靜聆聽一場交響樂表演般舒服。此外，也清楚意識到自己的身心靈都在養病階段，而不是欺騙自己沒病，畢竟人類的病識感是相當薄弱的，多數人生病時如果沒有明顯症狀，都會認為自己沒病，但這其實是一種假性欺騙。

　　經過了一段自律的生活後，我把幾年來的交易紀錄一一拿出來檢視，也設定一個日期——我的交易重啟日。交易重啟日的當天，我用了最初的機械式交易，這時的自己，對交易是陌生的，但機械式交易是最客觀且可以累積信心的方式之一。

　　最初的幾次買賣，雖然讓我有點陌生，但經過一段時間就慢慢回到正常的交易心態，而且累積資產的速度越來越快，突破了之前的資產水準。就像小時候玩超級瑪莉時，玩家有一定數量的生命數，角色受到傷害、墜入懸崖或時間用完，就會失去一條生命，一旦所有生命耗盡，遊戲便會結束並重新開始，但在重新開始時，玩家會因為已經熟悉前面的關卡，而大大減少闖關時間，並以更快的速度到達上次失敗的地方。也因為這樣，讓我更快找回信心，在交易上變得更謹慎，小心翼翼地面對接下來的交易，以及得來不易的**生活**。

回到自律之前的我，真的是走遠了，走到多遠我不知道，當時也不敢回頭看，但值得慶幸的是，我身在一個樸實的家庭，讓我還有一個初衷可以找尋，在自我調適的過程中，我回到了最單純的狀態，陪家人從早到晚度過一點一滴的時光。勞動的工作很辛苦，但心靈卻很富足。我領悟到在我們的生命旅途中，不是所有的人、事、物都可以用金錢衡量，有許多生命中的美好事物，是鈔票一輩子也買不到的。

或許你們會問，為什麼一定要重新開始交易，不轉行去找一份正職的工作？

我的理由其實很簡單，如果因為失敗而放棄的話，接下來這輩子都不會再投資交易了，直到老年我還會跟我的孩子和孫子說：「投資股票很危險，千萬不要碰。」但我覺得這樣不客觀，對於未來的子孫或後輩也不公平，我不該把自己的失敗套用在他人身上，我們口中的不可能，不一定是他人的不可能，如果要不交易，我希望在最好的時候離開，而不是最差的時候。能在狀況好的時候放下，叫做選擇，如果在最差的時候離開，就是逼不得已，這樣的心態放在各行各業都一樣，因此我認為全職投資人是一條不歸路。

　　我從一個懵懵懂懂的上班族，到使用機械式交易，之後卻為了滿足欲望而將資金限制拿掉，因過度自信而變得自負，最後看不起小錢使得生活與投資失衡，深陷**投資上癮**的泥沼之中。但經歷這樣一段低潮的生活與交易後，我仍試著重新站起來，最後也順利找到屬於自己的交易邏輯。回想起過去那段交易低潮的日子，我深刻體會到，交易市場中的起起伏伏，就像音符一樣有高有低，但那也是我人生中一篇精彩的樂章。那段低潮期也讓我看清很多生活與投資的真實面貌，看出人情冷暖。如果要對那個時期下個結論，我會說：「走過這段低潮，是我人生中最驕傲的日子。」

> **Wade說**
>
> 資產配置一輩子只要一個開始的決定。
> 長期投資一年中只需要幾個關鍵決定。
> 短線交易人的每一刻都在細碎的決定。
> 長期投資或者短線投機需要自己決定。
> 毀掉自己的人生只要一個愚蠢的決定。

本章重點

1. 貧窮不是限制了想像，而是因為總是在想像。

2. 自信與自負最大的差別在於比較的心態，你可以自信地做任何事，因為正向思考會增加成功的機率，但從來沒有人用負面思考成功的。一旦認為只有自己才是對的，別人都是錯的，自信就不是為了致富，只會讓人變得自負。

3. 過去每一次守著的紀律，都是為了避免某次的崩壞。交易的生涯可長可短，但只要還在交易市場，若出現一次僥倖心態，就可能終止你的交易生涯。

設計你的交易模式
維持交易的一致性

在經歷前一章提到的那段低潮期後，我的交易紀錄從令人興奮的數字，轉變為在夜晚中靜靜記錄的文字，而且我總是在想，那段快速累積資產的日子，為什麼會有這麼大的空虛感？後來驚覺，原來在交易市場以外的世界，我根本不存在。

　　這些年，我釐清了一件事，我們無法跟人比較，但只要將自己定位好，就不再會被其他人、事、物左右，也能用平常心來面對瞬息萬變的交易市場，在未來，不管遇到任何的誘惑，也都能設計屬於自己的投資遊戲，能做到這件事情是幸運的，因為這時的你只會在乎自己的交易，不會有太多雜念，更是一個自由的投資人。

　　許多投資人會問，每個階段的交易方式都會相同嗎？我的回答是：完全不同。

7-1

停損的重要性

　　多數人在投資前都能清楚知道停損的重要性，但對一個從來沒有停損過的投資人來說，並無法真正學會停損，而能在停損後沒有過多的情緒，又是另一層次了。投資人時常會發生難以及時停損的情況，其中一個原因是，真實的交易市場跟原本設定的停損點會有很大的落差，好比我們預設 10% 停損，但股價一開盤就跌超過自己的停損位置，在面對這預期之外的狀況該如何處理，才是投資人該解決的問題。

　　我們可以在投資前計劃好停損點，除了多數人用的數字上的停損外，其實還能用數量與情緒的停損，因為投資人有時無法在自己設定的停損點上順利退場，在真實的交易中會有流動性的問題，也就是可能在某一個價格無法賣出所有部位，造成所謂的「滑價」，也可能出現市場價格

直接跌停或連續跌停的狀況，使持有部位無法完全賣出。

最後是情緒上的問題，在停損的瞬間，我們會有許多情緒，最多人面對的心理狀態是：這次的停損會不會永遠賺不回來？停損之後還有沒有辦法面對下一筆投資計畫？以下分享 3 種不同層面的停損方式。

數字上的停損

數字上的停損比較容易，投資人可以依照自己的想法設定一個停損價格，多數人習慣設定百分比。假設設定停損點為 10%，建議可以**將原本的停損百分比乘上 2 倍或投入的資金減半**，也就是在心中**將停損範圍拉大**，因為我們無法精準賣在設定好的位置點，如果將預期的停損價格設定太小，很容易在這個價格真的出現或超過時，無法做出停損的動作，況且台灣市場還有 10% 的漲跌幅限制，有可能發生流動性的風險，因此這樣的做法可以讓投資人更能面對實際的交易市場。

數量上的停損

當投資人面臨需要停損卻捨不得賣的狀況時，可以利

用數量上的停損技巧。

假設你買進 10 個部位，但價位碰到自己當初設定的停損點時，投資人可以**減碼**部分的虧損部位，分批退場。這樣可以嚴守自己的交易紀律，也不會一次虧損太多而影響到整體帳面。另一個更好的做法是，**將其他獲利的部位與這筆虧損的部位同時退場**，將**現金**退出來，讓留在交易市場裡的庫存部位與整體帳務同時向下調整，空出的現金能讓投資人更客觀地看待盤面。

比如說，假設我持有 3 支個股，各擁有 10 個單位，其中 1 支個股虧損、2 支獲利，我想用數量上的停損，就會賣出 5 個單位的虧損部位，同時賣出 5 個單位的獲利部位，將留在市場裡的部位向下調整，留下較多的現金。

在我的交易觀念裡，會把現金當作一檔標的，也是一種武器，在交易市場上我們的資金都有限，所以可以把現金當作你的軍隊，並利用有限的軍隊帶來最大的效益。我們不會想派出所有的兵，就只是為了一個小小的利益，在戰爭中一定會有人傷亡，但要損失多少兵卒，換取多大的利益，會是主帥該思考的事。在交易市場也一樣，有多少風險就有多少報酬，保留現金會是最客觀的狀態。

情緒上的停損

這個方法必須在面對虧損時才會感受到,通常投資人在交易時不願意停損的最大原因是擔心無法賺回原本的虧損,並陷入一種負面的情緒中,這是很正常的。多數人無法在停損的下一分鐘理性地繼續做下一筆交易,有些投資人甚至會過度交易,不斷提高部位及交易頻率,為的是想要把失去的賺回來,但這麼做只會讓錯誤的情緒不斷在原地打轉。

當投資人出現買了就跌、賣了就漲的感覺時,要釐清這不是市場的問題,而是靠市場太近了,市場價格每天都在變動,做了過多細碎的猜測只會毀掉自己的情緒與信心,而停損後若一直想著前一筆交易,在下一筆交易時就會有多餘的想法,所以最好的辦法就是暫時**離開市場一陣子**,一週、一個月、一年都可以。

剛進市場的投資人都會認為這次是最特別的一年,錯過就要再等 10 年,但這句話容易引起很大的誤解,實際上,每年的交易市場都是特別的,對我來說交易市場永遠都會在,只有投資人才會因為情緒而離開。對於停損這件事必須勇敢且果斷,不該讓自己有僥倖的心態,因為只要出現第一次的僥倖,就會有第二次、第三次,甚至是無數

次。過往的經驗告訴我，停損一次不要緊，每個人都會看錯，但並不是每個人都會認錯。其實停損並不難，只要退場就好，最害怕的是投資人因為心緒的雜亂造成連續停損，這樣的情況出現時，投資人就會永遠離開交易市場。

能否永遠不停損？

可以，假如投資人能保證有持續投入的資金，就可以將整個投資週期拉長，只要投資的公司不下市，就有可能用時間成本平滑價格成本，並等待一個好時機做出退場動作。不過這個時間成本與資金投入要多少或多長無法確定，如果能保證自己有足夠的資金或足夠的時間，就能永遠不停損，但交易市場令人著迷的地方就是，我們永遠不知道需要花多少時間或多少資金才能買進一個所謂的「不停損」。

7-2

停利是一種藝術

　　有經驗的投資人都知道，比起停損，停利反而更為複雜，停損退場的理由很簡單，可以是不想再參與這筆交易、接受自己有什麼細節沒注意到，或觀察到市場價格沒有依預期的方向走等等，但停利的概念會因為數字不停地波動，使帳上獲利上下起伏，同時出現恐慌的兩大要件——未知與害怕失去，所以容易衍生出更多的思緒。

　　多數的股票慣性是緩漲急跌，而一檔上漲中的股票可能會有超過 100% 的上漲空間，相對的，一檔下跌中的股票不會有超過 100% 的下跌幅度，所以翻倍再翻倍的股價容易挑起人性的欲望，有時停利退場後，股價「如預期」地上漲，而這樣錯失掉的獲利比起看錯停損還更令人揪心。停利實際的做法會因每個人的條件而不同，進而影響操作的時機點，接下來分享 3 種不同層面的停利做法。

價格上的停利

　　價格上的停利較容易執行，投資人可以依照股價的趨勢觀察，而多數人是用「移動平均線」去決定的。投資人可以設定當收盤價碰到 N 日均線時退場，常用的有 10 日、20 日、60 日及 120 日均線，而均線週期的長短可以依照該筆投資的長短期設定。這樣的概念算是最客觀的停利方式，投資人買入自己要的部位與價位後，單純讓市場價格決定你的離場點，這也是最多人使用的方式之一。

　　另外一種以價格判定的停利方式是「移動停利法」，這種做法就需要多一點點主觀決定。投資人可以設定當獲利百分比達到 20% 之後，只要由最高點回跌 10% 就果斷退場，並依照每次的「新高價」將價格往上調整，這樣的做法能讓自己在預期的獲利中退場。以心理角度來說，只要價格走勢超過設定的獲利率之後，就以保有一定獲利的概念去設計接下來的停利策略。

　　以上這兩種價格停利的設定，都算是客觀的，不過前提都是你的部位「正在獲利之中」。而且兩者適合的走勢有些微不同，前者的設定適合在上漲趨勢中使用，後者的設定可以同時在整理或上漲趨勢使用。前者適用於上漲中的個股，相較之下漲勢確立時的報酬會比較可觀，而後者

適合用在整理或上漲中的個股，相較之下等待時間會較長，但心態上會比前者穩定。

價值上的停利

　　每一支股票買進都會有自己的理由，而這個理由轉換為數字時稱為「心中的價值」，當價值跟市場價格有了價差時，就會增加我們買進一支股票的強大動力，心中的價值為主觀，市場價格為客觀，就像是經濟學原理的消費者剩餘概念。假設我們預期在觀光區買一瓶水的價格為 35 元，走進一間店時發現，架上的水只要 20 元，那中間的 15 元即為消費者剩餘，也就是說，原本心中的預期價格與實際價格之間的差距就是我們買進的理由。

　　買入股票時也是一樣的概念，我們利用財報、題材、未來展望等資料研究一間公司後，心中總是會有一個預期價值，假設這個預期價值高出價格時，我們會決定買入，而要買入多少的部位就會依照這其中的**空間**去決定，將理由與空間的大小綜合判斷後，在交易市場裡面我們稱作為「期望值」。

　　反過來說，賣出也是相同的，當我們認為市場價格超過預期很多時，就可以依照超出的空間去做出停利動作，

而停利的部位會依照價格爬升的速度與空間去決定，這也是我所分享的價值上的停利。

價值上的停利因為涵蓋了不少主觀的想法，因此較為困難，與前一種分享的客觀停利有很大的不同。這樣的停利方式會比較適合有一定經驗的投資人，才能避免主客觀念混淆，但背後真正的差別是，投資人對於某一支股票的信心程度。

生活上的停利

生活上的停利是在我全職交易之後才發現的，在交易的日子裡，交易即是我生活的一部分，而我也體會到在生活與投資之間取得平衡的重要性。在交易市場中隨著數字累積的過程，價值觀也會隨之改變，而在交易成熟的後期，我會傾向使用生活上的停利。

對我來說，交易做不好可以選擇不再交易，但真實的生活我們無法逃避或重來，我在過去錯失幾次大筆獲利後體悟到，帳上的數字沒了結就永遠只會是數字，但生活不同，它是真實的存在，因此我們應該將投資僅僅當作是生活的一部分，當我們有這樣的觀念後，就能體悟到所謂的資產不一定是金錢，也可以是自我的成長，若能將金錢

放在其他更有意義的事情上時，就應該停利，像是留學進修、旅行體驗、買車、買房、結婚等等的人生規畫都可以，這就是所謂生活上的停利，也是累積另一種資產的方式。

　　有句話是這樣說的：停利的意義是將金錢變成你更喜歡的東西。

7-3

交易需要想像力

在我交易的這些年，每個階段面臨的金融環境、資金規畫、生活方式都不同，自然也就不會有一模一樣的交易方式，不管是在交易的哪個階段，都會有屬於當時的交易心態與課題。以我自己來說，能貫徹始終使用的是一致性的交易行為，這個概念是我在過去、現在和未來都不斷用的心態與策略。

我曾經想過將每階段一致性的交易邏輯寫進電腦程式，因為在交易的過程中是枯燥乏味的，但後來發現，程式交易有兩個問題要解決，第一個是太理性，另一個是沒創意。

設定太理性

在金融市場中，有不少人是使用程式交易，它與人工盯盤相比，有優有劣，程式交易的優點是能在**設定的參數**下獲得該有的獲利，會幫助投資人排除不願意停損的僥倖與情緒，減少盯盤與蒐集資訊的時間，但在**極端趨勢**下，程式設計者難以利用過去的數據設定參數。但不可否認的是，透過程式輔助的確可以幫助投資人增加效益。

程式交易太理性的問題，是我在交易市場中領悟到的，過去獲利超過預期的那些交易，都是在市場出現不理性的極端情況下產生的，而越大的獲利通常挾帶著越多的不理性。以程式交易來說，可能會設定較符合市場預期的獲利去買賣，但交易市場往往會超乎我們預期，時常有正在上漲中的股票因為出現更多臨時性的好消息，而增加了更多的參與者，使股價上升速度更快，推升得更不合理，反之下跌也是，這些都是程式交易較難提前設定的。

因此在交易的後期，我都會期望在市場最有情緒或最不理性的時候做出決定，因為不理性的報酬最可觀，再搭配市場流動性的觀察，才能更貼近真實的交易市場。

有時市場會因為某一短期間內的買賣參與者較少，使滑價速度比過往快很多，那是因為交易市場中內外盤的量

較少而造成的。許多個股都會發生這樣的狀況，就連市值較大的權值股也不例外。在期貨市場、選擇權市場、權證市場以及 ETF 上也都會發生，只是這些問題因為變動因素太多，很難被拿出來討論，但這的確會使自己在買賣時多一項考量。流動性有缺點，當然也有優點，它可以使價格變得更極端，利用連續漲停及連續跌停的做法，製造價與量的空間，這些都是「太理性」的程式交易無法設計出的策略。

操作沒創意

　　程式交易沒創意的問題就更有趣了，有非常多的情況是交易市場的走勢都會跟前一晚想的完全不同，甚至幾分鐘內都有可能出現極大的變化，這時候，有經驗的投資人會在短時間內，依過去的經驗與當下能使用的工具，做出對整體帳務有利的動作，而這樣的動作對外人來說是沒有邏輯的，事後也很難表達。

　　這樣的決策不單單只有股票，也可能是衍生性商品的運用。舉例來說：某天我持有不少的股票部位，但發現市場快速下跌，我主觀認為是暫時性的，可能只有短短幾天或幾週的情緒反應，這時我就會決定繼續持有股票並開始

使用期貨放空市場，而當走勢如預期向下跌時，就會以期貨的獲利空間觀察，去新增選擇權空單部位來增加槓桿倍數，等市場出現更極端的下跌時，就快速回補選擇權，並用選擇權的獲利空間去加碼買進當時下跌中的股票部位，但持續持有期貨空單，直到市場出現反轉上漲的走勢，才將期貨的部位慢慢回補，並同時退場在極端下跌時多買入的股票部位，接著再慢慢調整，讓整體部位回到最適狀態。這一部分的操作是利用衍生性商品去做暫時性的避險，讓自己的帳務避免在市場快速下跌時有過大的震盪。

以上以「時間差」來做商品的轉換，最理想的情況是讓 3 樣商品（股票、期貨、選擇權）同時獲利，而這種交易手法的所有判斷都無法複製或量化，只能靠投資人的經驗在盤中快速決定，無法靠算式得出答案，靠的是創意。

以一個有趣的例子來比較。2016 年 Google 推出的 AI 人工智慧 AlphaGo 打贏了世界棋王，當時許多人受到衝擊，感到無所適從，但圍棋是屬於有固定規則的封閉遊戲，資料量和計算速度遠勝於人類的 AI 自然會在比賽中取得優勢。在一個「有極限」的範圍裡，人工智慧比人類理性太多，在續航力及情緒的穩定表現上也更有優勢。在有限賽局中，他們比的是勝負，但交易市場是「無極限」的開

放空間，市場隨時會出現新加入的投資人，也可能因為某些人為因素而影響整個盤面。在有限賽局內，我們要打敗對手來獲取勝利，但在無限賽局的金融市場中，我們的目標不是打敗對手，而是適者生存。

我曾經遇過一個量體大到可以影響股價的投資人，突然某天大動作地賣出所有部位，並整整兩週不再交易，但市場當時是一個很明顯的上升趨勢，他做出了過往沒做過的奇異舉動。後來才知道原來他的家人要開刀需要他的陪伴，只好暫時離開市場，兩週之後他才回來重新交易。像這樣人為的因素電腦算不出來，其他投資人可能會透過盤後資訊觀察到他賣出大量部位而有所揣測，但無法猜到真實的原因其實是市場外的因素。

最後我發現，有些思緒是人類獨有而程式無法模擬的，這些思緒也是藝術家不可或缺的東西。我們希望靠電腦程式理性地幫我們賺進大筆財富，但卻很難用程式幫我們畫出一幅偉大的畫作。因為藝術需要跳脫傳統或過於理性的框架，並放下旁人的論斷與期待，只順從自己的本能與直覺，真誠地面對自己。在交易市場裡，擁有創意和感性特質的交易人跟藝術家很像，他們會試著將創意與感性運用在交易，卻又同時保持理性，不讓它們過度撒野。他

們的交易就像一門藝術。

投資癮筆記 ■

　　牛頓曾說：「我可以計算出天體運行的軌跡，卻算不出人性的瘋狂。」

7-4

找到一致的交易行為

　　回想過去自己還是小資族時，就開始有了資產配置的概念，不管現在你的資金是 10 萬、30 萬、100 萬、1000 萬或數十億以上，都該做好資產配置，因為我認為所有的資金問題都藏在細節裡，只有從小資金開始注意每個細節，在未來面對大資金時才能更有信心地去處理。一旦進入交易市場，金錢獲得與流失的速度會打破投資人過去的金錢觀，當未投入資金時，我們通常會認為自己是理性的，但事實上，交易市場的某個瞬間可能會讓你突然情緒化，而這個情緒點將考驗著真正的人性。

　　時常在交易市場裡看到穩定交易幾年的投資高手，突然間幾個月內就賠光所有積蓄，這種事情並不少見，最大的原因並不是技術的問題，而是情緒問題。我們不會在短時間內失去所有的專業技術，但可能會因為幾次的情緒打

擊而崩潰，我們是人，總會出乎意料。

在我的投資歷程中，是以短線投機 80%、長期投資 20% 的比例為開端，隨著交易經驗累積及資產水準的上升，漸漸增加長期投資的比例，最後調整為短線投機 30%、長線投資 70%，這樣的比例配置能確保我在做極端交易時，同時可以維持正常生活的水準。

隨著資產的累積，當投資人達到心中預期的財富時，要忍住投資癮是有難度的，當我們從少量資金累積到 1000 萬，就會想有 2000 萬，有 2000 萬就想有 1 億，有了 1 億就想要有 10 億，數字的累積速度永遠趕不上人類的欲望。

我的資產配置

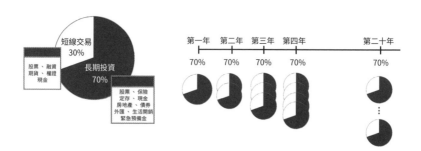

在每一個時期都將存錢與價差的概念清楚區分，就能確保在每次的情緒點都能保持理性，而其中的比例分配因人而異，做好資產的配置能使投資人在累積資產的過程更順利。

以數學來計算，1000 萬到 1 億是 10 倍，1 億到 10 億也是 10 倍，假設第一個 10 倍要花 5 年時間投入與研究，但接下來的 1 億到 10 億並不一定也能在 5 年的時間達成，主因是整體市場會變，交易的手法也會因為部位大小的不同而有所改變。小資金進出很容易，但大資金會有許多限制，投資人要將這種倍數報酬的觀念拿掉，每一個階段的部位都是新的開始，也都會有當時要突破的課題，拿掉既有的框架後才能打開新的關卡。

在交易的每個階段都會有當時必須解決的問題，許多新加入的投資人會一不小心越級打怪，這時關卡沒破到又會讓自己遍體麟傷。最好的辦法就是專注於眼前的交易，不需要過度追求還沒達到的成就，一時的勝利不要過度宣揚，否則還在牌桌上的一天，就有可能再輸回去。

投資癮筆記 ▮

不要急著數籌碼，等你下定決心離開牌桌後，有的是時間。要決定何時離開才是最難的問題。

左、右側交易的概念

　　左右側交易是一種分辨策略邏輯的方式，左側交易的概念是，在下跌的過程中以自己主觀的想法分批向下買進，屬於逆勢交易，適合長期投資者。在價格下跌的情況下，將時間與空間當作優勢，利用時間成本換取價格成本，但可能需承受暫時的套牢，為的是買入更有價值的股票。

　　右側交易的概念是，價格在整理區間準備上漲至新高點，並達到投資人預期的買入價格時，開始向上買進積極交易，這時的價格通常是近月或近年新高，在操作時盡量縮短持有時間，將持有時間與過去的空間視為劣勢，講求效率，較少受個人主觀意識影響，單純客觀看價格操作。

　　左右側交易的策略正好相反，一個向下買進，一個向上買進，而時間與空間的優劣也剛好相反。對於左側來說，時間越長越好，對於右側來說則越短越好，所以在交易之前把這兩點釐清之後，就可以套用在各式不同的金融市場上面，比如石油、黃金、外匯市場等等，讓自己的交易維持「一致性」的做法，就不會輕易被他人動搖。但投資人別忘了，選好交易策略及進場點，並不是穩賺不賠，找到屬於自己的一致性只是交易的第一步，後面的遊戲才正要開始。

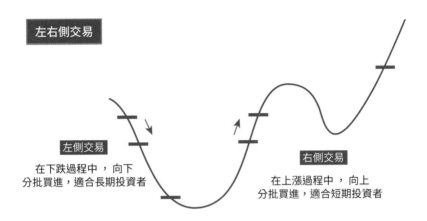

左右側交易

左側交易

在下跌過程中，向下
分批買進，適合長期投資者

右側交易

在上漲過程中，向上
分批買進，適合短期投資者

左右側交易邏輯正好相反，投資人要釐清兩者的不同，維持一致的做法。

　　多數人在交易時會依序考量股票的價格與部位，接著
考量加碼、減碼、退場、停損或停利，但我會多考量到時
間與空間，讓左側與右側有更多層面的思考，也會讓整體
交易更加優化。

　　用一個經驗跟各位分享：我剛進潛水隊時，隊上有一
個游泳國手，但在潛水過程中出了很多狀況，照理來說，
游泳國手的水性應該非常好，為何會出現這麼多狀況？仔
細思考過後，原來是過去他接觸的訓練是水面上的 2D 訓
練，但潛水是水面下的 3D 訓練，本質上還是有很大的差
別，也是完全不同的層級。同樣的概念套用到交易市場上，
股票的價格與數量就是 2D 的概念，而其中的空間與時間

就是 3D 的立體思維。到後來我更發現交易市場其實是 4D
的世界,而最後一層就是情緒。

分批投入的平衡點

如果說程式交易的缺點是太理性與沒創意,那人類在
交易時的缺點就是太情緒與太感性。交易最困難的就是你
必須在這其中取得平衡,程式交易無法設定多一點情緒或
多一點創意,但投資人可以利用程式輔助讓自己多一點理
性。有經驗的投資人即使不用程式輔助也會將自己的情緒
與感性控制在一定的範圍之內,這樣就能同時擁有理性、
創意、情緒與感性,並找到一個平衡點,而最好的辦法就
是「分批買進」。

左側交易是不斷地向下買進,而在分批向下買進時,
有時投資人會懷疑這不就是「買進攤平」的概念嗎?

其實還是不同的,首先要釐清的是**交易的週期**。以數
字來說,的確是買進攤平,但以左側交易週期的角度來說,
卻是**分批佈局**買在更划算的價格。

當使用左側交易時,會期望價格越低越好,因為只有
這樣才能壓低平均成本,用分批的方式是希望買進更便宜
卻更有價值的股票,這時我反而會擔心價格爬升得太快沒

時間買足我要的部位。

在左側下跌的走勢中，通常是快速且恐慌的，但如果你有足夠的研究，即使等了好幾個月甚至好幾年，也能在他人認為的危機點做出正確的動作，將它視為轉機。以我的經驗來說，此時會不斷出現壞消息，但這是很正常的，因為交易市場總是在恐慌中結束下跌行情，貪婪中結束上漲行情，左側交易要的是找尋「結束空頭行情」的切入點，而賣出時是要找尋「結束多頭行情」的退場點，在恐慌情緒之下，分批投入會是讓你冷靜的好方法，冷靜才會理性，理性才有機會獲利。

以實際操作來說，如果發現一支研究很久的好股票突然出現系統性下跌時，可以在下跌的過程中分成 5 等分切入，從第一筆資金開始切入，接著第二筆與第三筆會設定在每一次下跌 15% 時買入，假設在 100 元時投入第一次，那第二次投入會在 85 元，第三次投入會在 72 元，此時均價約為 85 元，而第四筆與第五筆要在 2 個不同月份投入，買入的價格會設定在 85 元上下震盪 15% 內分兩次買入，也就是在 72 ～ 98 元之間買入剩下 2 筆，停損點則設在第三次投入後均價（85 元）向下 30%，約為 60 元左右。

以不同角度回推停損點，若今天將所有資金在 100 元

一次買入，往下推算 40% 會是停損點，在 60 元退場的時候會虧損 40 元，投資人在買滿的情況下，能做的決定只剩下出場，這時候交易的彈性會縮小，也沒有更多的容錯空間，時間彈性與價格空間都會被綁住。

回到分批概念，前 3 筆買入之後的下個月，價格可能會有以下 4 種變化：

1. 上漲超過 100 元

這時投資人的帳務是獲利的，可能會認為買不夠多，但另外一個想法是幸好已經買 3/5 了，自然也不會有太多遺憾。而原本要投入的兩筆資金可以決定繼續投入，或找尋新的股票。

2. 盤整在你設定的期望區間（72 ～ 98 元）

如果接下來的走勢一直在這個區間盤整，投資人的帳務可能是不賺不賠，但因為時間拉長的關係，投資人可以更理性地決定是否要將另外兩筆投入、換其他選擇或保留現金等待。這時容易被市場其他上漲中的股票給誘惑而失去耐心。

3. 下跌超過 85 元

這時帳面已經是虧損的，投資人可以利用下跌的這段時間去檢視當初買進的理由，如果這兩個月的理由不變，

那在你的心中只會認為自己是用更划算的價格買入。

　　4. 下跌超過 60 元

　　這時帳上的虧損應該已經達到原本預設的停損點，投資人可以考慮停損，因為通常下跌的幅度越大，未來價格要爬升到原本的位置就需要更多的時間，下跌中的股票會有不少投資人買在較高的價位，有些股票一次下來就要好幾年的等待，有些一等就是一輩子，但此時的均價約為 85 元，且買入部位是原本的 60%，與完全無分批一次在 100 元全數買入的情況比較之下，這筆交易的損失占整體帳務少了不少。

　　好行情總是在懷疑中產生，而在緩緩爬升的過程中，左側交易的投資人會有更多的時間去緩緩買進，這也是順應股市緩漲急跌的慣性。

　　綜合以上，左側交易投資人最大的優勢是時間，市場中會有許多短線投資人來來去去，而左側投資人用超過 3 個月的時間去冷靜，也用短線下跌的空間創造出理性的交易行為，用耐心換取更多的信心。

選一個相對正確的位置

　　在長期投資過程中，必須每年適時調整部位，將資金

緩慢移動到市場未來的趨勢之中。人類的科技在成長時也會有不少公司被淘汰，從農業到工業、從勞務到服務，這些都是科技的演化與變遷，對於長期投資人來說，除了分批買入之外，也不能忽略**調整**，這點也是為什麼要持續學習的主要原因，因為我們單靠交易的技術的確可以避免很多問題，但如果想要再優化績效就必須持續學習，並在長期投資中融入資產配置的概念。

另外，在心態與生活中，投資人不能忘記一件事，每年市場都有機會經歷幾次較大幅度的下跌，這時就會出現資產重新配置的時間點，一個好的長期投資者必須經得起這些大大小小的干擾，以及抗拒當下股市氛圍中周遭親朋好友的左右。

長期投資的當下並不是想著馬上獲利，而是要去想，這筆投資是否有機會在未來創造更好的生活，如果答案為是，投資人就不該過度在乎近幾個月的漲跌，應該理性地改成一個月甚至一季、一年的時間去做調整。在資金投入方面，從一開始就要做好一定的資金控管，對於市場的漲跌就能從容看待，長期投資我們不該過度追求對錯，而是要尋求一個相對正確的位置與一個受用一輩子的一致性。

在長期投資中，我們都期望在最低點買入，但實際上

是非常難的，獲利的條件是買低賣高，理想是美好的，但
現實是殘酷的，不過投資人可以用美好的心態去面對殘酷
的現實。我們只能期許買在相對低點，但對於那個相對好
的時機點，需要多點耐心、信心及一點運氣。

期望與實際的進場點

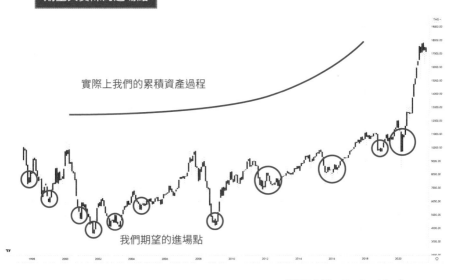

〔資料來源：Trading View〕

本章重點

1. 左側交易將時間與空間當作優勢,利用時間成本換取價格成本,但可能需承受暫時的套牢,為的是要買入更有價值的好股票。

2. 右側交易將持有時間與過去的空間視為劣勢,講求效率,較少受個人主觀意識影響,單純客觀看價格操作。

3. 選好交易策略及進場點,並不是穩賺不賠,找到屬於自己的一致性只是交易的第一步,後面的遊戲才正要開始。

4. 將自己的情緒與感性控制在一定的範圍之內,這樣就能同時擁有理性、創意、情緒與感性,並找到一個平衡點,而最好的辦法就是「分批買進」。

市場的水溫
交易策略應用

水是世界上最柔軟的物質，我們可以把它裝進任何容器中，它看起來很柔弱，但不管我們如何攻擊它，都不會出現任何傷口。但柔弱的水同時也很無情，它強大到能穿越世界上任何一種堅硬卻有一絲空隙的物質之中。

　　在交易市場裡，我們把自己想像成水，市場如何變化，我們就變成什麼模樣，盤整時跟著盤整，上漲時跟著上漲，下跌時盡量迴避，如此一來我們就能接受瞬息萬變的市場，也能使自己的交易心態逐漸強大，穿梭在市場與市場的縫隙之間。

8-1

右側交易的水溫

　　在交易的概念中，將右側交易的邏輯想像成水的溫度，依照溫度的概念去判斷真實的價格走勢以及交易策略，在冷水區淡定，溫水區決定，熱水區隨興，冰水區迴避。冰水區的個股就像是那些正在下跌中的個股，當整體市場裡上升趨勢中的個股越多時，代表行情越好，買入個股的獲利機率也較高，在整體市場裡下跌趨勢中或是不明確的個股越多時，代表市場行情較差，買入個股的獲利機率也較低。

倒掉混濁的水

　　過去接觸到各式各樣的交易方式及操作策略時，都會實際投入資金去感受價格、帳務、時間、空間、情緒等各

個面向，因為在接觸新的策略時，難免會想跟過去的方式比較，所以就抱持著「用一點錢試看看好了」的心態，不過這種心態在交易市場中是錯誤的，它容易讓投資人出現僥倖行為，會認為只是為了嘗試而輕忽了損益，久而久之就會東學一個西學一個，永遠找不到自己的定位與交易的一致性。

許多交易策略的方向是剛好相反的，最好的方式就是在同一個時期只專心學好一個，不管是交易策略或心態都好，等到使用一段時間後，認為不適合再重新學習另一個。我們要把自己當作水，水杯是什麼形狀，我們就變成什麼樣貌。

關於交易的一致性問題，許多投資人找不到的原因並不是因為學得不夠，而是學得太多，每位厲害的投資人都有專屬於自己的方式和定位，我很幸運在找到自己的定位後，就沒有被過多的交易策略給混淆，因為每當在交易市場裡學到一個新的策略或觀念時，就像在乾淨的水裡加入新的顏料，如果觀念剛好是相互違背的，這些過多的雜訊反而會讓你在未來交易的某個時刻打結，於是水變得越來越混濁，思緒也將越來越亂。

如果水已經混濁了怎麼辦？把水倒光，重新開始。

冷水區、溫水區與熱水區

　　股市的行情就像是水的溫度一樣，股價初期會像冷水般寂靜，等到未來加熱（上漲）時，會緩慢地像溫水一樣向上爬升，直到預期的好消息開始確立時，價格就會吵鬧地像是沸騰的熱水。一般而言，不同的階段會有不同的操作方式，在冷水區時，需要多一點耐心等待，溫水區則要有追價的勇氣，到達熱水區的時候，交易會變成比較隨性，這也是我的右側交易邏輯。

　　在貪婪之中保持理性，最直接的方式就是分批買進，當我研究某支願意投入的個股之後，會將預計投入的資金分成 3 等份，大約分別是 15%、45%、40% 的部位。我會從冷水區嘗試投入第一筆部位，並依條件跟走勢將後面兩筆買入，但後續買入的兩次會觀察是否符合以下兩個條件，否則就只會減碼或退場：

第一：買入的部位正在獲利中。

第二：買進價格要比前一次高。

冷水時間的淡定

　　冷水區的個股我將它視為整理區間，這時候只會用小

部位去試單，並且在價格冷冷的時候盡可能收集相關資訊，不管好壞都會將它收集起來閱讀，並且用獨立且客觀的心態去研究。使用小部位投入，是為了避免價格突然離開盤整區，產生沒有參與到的心理遺憾，但如果投入大量的部位，又會承擔過多的風險與時間成本，在這時候的個股不確定性很高，所以投資人要淡定面對這樣的走勢。

如果我看好一間公司未來可能會有更好的發展，將投入第一筆 15% 的部位在冷水區嘗試，並設定一個溫水區的條件，找尋觸發投入下一筆資金的切入點。

例如：我在年初買入某間公司，我推估該公司年底公布的財報表現會是好的，因此將它列為冷水區買入的理由。在年底之前，我都會持續追蹤該公司的財報走向，並同時關注價格是否有爬升，如果財報有如預期的好表現，但價格尚未表現，就會依照前面設定的時間或價格去退場停損，這麼做不一定是因為價格未上漲，也可能是因為流逝過多的時間成本，但如果價格如預期的開始表現，就會開始溫水區動作。

下頁圖為冷水區到溫水區常見的走勢。整理後突破創歷史新高的走勢通常會立即顯現，多數時候震盪會開始變大，爬升的速度與長度都會有很大的變化；而整理突破區

間新高的走勢，通常會緩緩地爬升。對於這兩種不同走勢
使用的工具與買入的部位則會有不一樣的做法。

冷水區到溫水區的可能走勢

股價創歷史新高：趨勢變化較快，但震盪較大

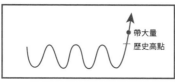

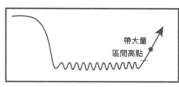

股價創區間新高：趨勢變化較慢，但較穩定

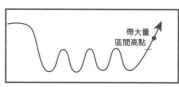

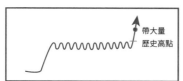

　　通常創歷史新高與波段新高的股票，股價上升速度會呈現不一樣的走勢，歷史
新高較快、較急，波段新高較溫、較緩。

溫水價格的決定

　　進入溫水區的條件為持有中的股票第一次創近月或近
年新高，這時候會將原本準備好的資金投入進去，買進的

信心與部位是由冷水區時的研究決定的,因此做出決定的
瞬間會毫不猶豫。

在冷水區的週期內,當價格靠近區間低點時,會觀察
財報方向是否有改變,若沒有改變就會持續持有,而當股
價爬升到區間高點時,就不會關注原本買入的條件,而是
將注意力放在找尋第二次投入的時機點。

當股價正式突破高點時,會觀察股價是創波段新高還
是歷史新高,若為歷史新高會將觀察時間拉長,等到確認
趨勢沒有改變時,才會將原先設定溫水區的資金比例45%
投入,此時也就進入了溫水區,持有的部位達到60%。

溫水區的退場點會由價格來判定,而不會以時間作為
退場點,意思是,當部位持有至60%時,價格的下跌就
會造成帳上較大的變動,因此停損點會設定在當整體帳務
開始轉為虧損前退場,此時可以有兩個動作,第一:退回
45%的部位,第二:退出所有部位。因為價格來到新高價
位時,代表有可能時間跟價格都花了不少的機會成本,我
會認為這次的交易是失敗的,也就不會過度糾結,畢竟價
格才是市場的答案,但如果股價如預期的開始推升上去,
漸漸脫離成本區,不管是20%、30%的漲幅都可以,就會
來到我認定的熱水區。

熱水數量的隨性

在這個階段的操作是隨性的，投資人已持有 60% 獲利中的部位，只要股價上漲就會有一定的獲利，若股價下跌也至少能安全退場，所以心態會是正面的。

熱水區的股價通常會呈現每週或每月上漲的走勢，但其中的每日震盪幅度會變大許多，這時會觀察整體帳務脫離成本均價有多遠。假設股價真的扶搖直上不回頭，大可將剩下的 40% 部位去找尋其他支冷水區股票，但如果在股價爬升時突然出現市場系統性大跌，且該股的價格在回檔之後仍然離自己的成本很遠時，就可以考慮將剩下的 40% 部位買入。若之後不如預期就會回到溫水區的價格退場邏輯，但如果股價在整體市場回穩之後，再創一次新高，價格會爬升得更快，此時就會只剩賣的動作，而要怎麼賣都無所謂，獲利空間已經拉大了，自然也不會有買太少的情緒出現，在最後的上升階段，也只需要隨性地退場即可。

以上說明的短線交易都要盡可能沿著市場的最小阻力線前進，這樣就會有較大的機會找到當時市場的熱門股，在右側交易上，我們都期望能找到以年為週期的飆股，但多數時候都會找到以日、週、月等週期的個股，而找到年的飆股通常價格很容易以翻數倍收尾，這也是所有右側交

熱水區走勢

股價扶搖直上：
無回檔切入點，
因此將剩下的40%資金找尋其他冷水區標的。

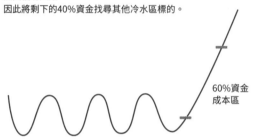

60%資金
成本區

最佳走勢：
股價脫離成本區，回檔未跌破均價，
即可投入熱水區資金40%。

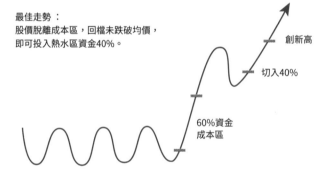

創新高

切入40%

60%資金
成本區

不如預期的走勢：
當股價跌破均價時，將先前60%資金退場。

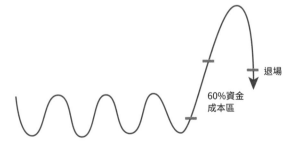

退場

60%資金
成本區

易者期望的股票。除了價格走勢的考量以外，資產配置、部位大小、工具使用、切入時機也都會是影響損益的重要因素。

在市場上這麼多個股的情況下，對於短線右側交易人來說，「股票的選擇」反而是其中最簡單的一環，因為身為一個投機客只能相信價格，價格如預期就持有，不如預期就離開，不需要過度的訊息，知道得越少就越有機會提升勝率，但面對資訊爆炸的時代，能不能堅持且有信心地使用右側交易，就需要靠時間與經驗的支撐。

關於水的操作，投資人能依照時間、價格、數量用客觀的角度去找尋水的溫度，資金曝險部位則是以主觀的角度決定水的深度，資金占比越大代表深度越深，就像是潛水一樣，潛得越深風險相對越大，經驗的差異將影響投入資金比例的多寡，在水的世界裡，溫度跟深度都相當重要。

> **Wade說**
>
> 在操作上，冷水關注時間，溫水關注價位，熱水關注數量。
> 在心態上，冷水客觀淡定，溫水主觀勇敢，熱水理性隨性。

在貪婪中保持理性

在右側的交易行為中，買進的過程成本會一直墊高，在成本向上推升的情況下，投資人會擔心失去已經擁有的獲利，這也是多數投資人難以判別的交易行為，到底這樣的買進行為是追高還是順勢？

這其中的判斷點在於，投資人是否在股價快速上升時就已經持有部位，在一個上升趨勢中的股票，想藉由加碼的動作使獲利部位擴大，這是一個正確的交易行為，因為趨勢這種東西並不會隨意改變，也幾乎沒有單一投資人或法人可以影響整個市場的方向，所以當趨勢起飛時，順勢會比逆勢來得順利。

但即使是順勢交易，選擇加碼點的位置也是一個相當困難的課題，右側交易的精髓是希望能用最少的時間得到最大的效益，而時間就是最大的敵人。相反的，對於左側交易來說，時間是最好的朋友。在右側交易時會盡量避開盤整盤或下跌階段，希望在股價開始突破時就持有一定部位，而發現股價突破的表現只是右側交易的第一步而已。

以人性的角度來說，創新高的股票代表過去買進的投資人正在獲利中，而在場外尚未買入的投資人會有買不到的遺憾，他們會開始不停地研究這間公司的好消息並虎視

眈眈地準備買入，這時候所有法人的目標價都會高得無上限，投資人對於目標價的幻想也會跟天一樣高。當所有好消息公布之後，股價推升會非常快速，等市場一致認為快要買不到時，貪婪會吞噬多數人的理性，就會有許多衝動性的買入，使得價格推升更快，但能在其中保持理性的投資人，已經開始找尋一個退場的時機。

　　在交易市場裡，沒有人會因為一支股票的價格創新高而感到恐慌（當然放空除外），只會有怕買不到的心理遺憾，這遺憾也會讓人失去理性，而要如何在貪婪中保持理性，才是右側交易要面對的課題。

8-2

混合型交易

混合型交易會同時使用左側與右側交易，不過這樣的操作方式完全要依照主觀判斷與經驗去決定，因此我認為這是一種趨近於理想的狀態，這樣的操作策略時常被對單一個股或單一產業特別有研究的操盤手使用，因為他們對個股的週期與走勢了解較深。

理想的混合型交易

混合型交易在多數情況下會以左側的交易行為開始，在一個區間範圍內分批買入，價格會像是一個碗的形狀，直到突破碗形並上漲至一個區間高點後，利用右側交易的方式開始積極操作，這樣的做法需要清楚區分兩個不同方向的操作邏輯與心態。左側交易開始獲利需要的時間週期

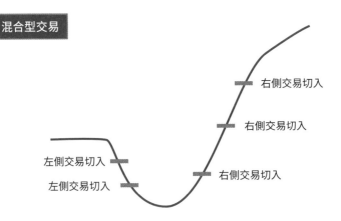

混合型交易

右側交易切入

右側交易切入

左側交易切入

右側交易切入

左側交易切入

　　理想型的交易策略難度偏高，屬於更進階的模式，投資人必須清楚知道自己的優勢，否則容易因為無法順利轉換邏輯而產生矛盾。

較長，與右側的投入時機點及觀察方向都不同，一個買未來，一個買現在。

　　以下以某股票實際交易的走勢圖說明理想派的做法。

　　以過去一年來說，該股的走勢符合長期左側與短線右側的概念，以長期左側交易而言，是一間穩定且有發展性的公司，也是多數人所認為的價值型投資標的；而以短線右側交易來說，在 2020 年 3 月快速下跌之後，率先在 2 個月後的 5/19 突破歷史新高來到 453 元，也就符合了右側型態，所以才能完美地同時在一支股票上使用左右側交易策略。

長期投資的時機點

時機點 1

在 2020 年 2 月至 4 月，面對市場極度恐慌的下跌時，會是長期投資人的買入時機點，也就是下頁圖的「第一個時機點」是長期投資的分批買入點，左側交易對多數人來說不建議使用任何衍生性商品，因為在當下無法判別是否為低點，只能假設可能為相對好的時機點，因此使用現股會是相對好的方式，如果股價如預期上漲，就可以等待下一個時機點。

時機點 2、3

下一個時機點會是 2020 年 8 月底左右，第三次會是 2021 年 5 月中的千點跌幅位置。可以看到這 15 個月期間，長期投資人有三次買入的時機，在這間公司基本面及未來展望尚未改變之前，可以是長期投資人持續買入的條件。

長期投資加碼點有一個邏輯：「只買進當下喜歡的標的且獲利的部位。」當下投資人的選擇不一定會是原本的個股，也有可能是其他選擇，當下跌後的股價已經不符合心中的價值時，可以轉移到其他個股身上，接著只持續買

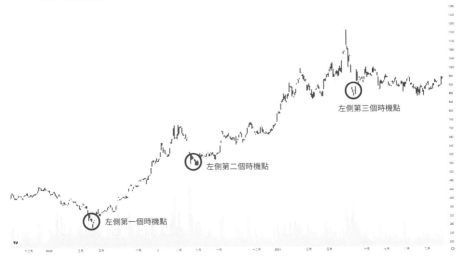

左側時機點

左側第三個時機點

左側第二個時機點

左側第一個時機點

〔資料來源：Trading View〕

進獲利中的個股，在這樣的邏輯下自然會有滿意的損益。

短線交易的切入點

切入點 1

在 2020 年 4 月 28 日時，股價突破第一個整理平台，位置為下頁圖第一個切入點，此時切入的投資人通常都有深入研究該股，因此特別有信心。接著 2020 年 5 月 19 日

創 453 元歷史新高後，持續了一段右側走勢。

切入點 2

接著經過一個小平台，直到 2021 年 1 月 4 日再創新高會是另一個右側切入點，2021 年 2 月底會是退場點。

接下來 3 月之後的右側走勢越來越難判斷，走勢快速也難捉摸，因為參與市場的人變多，未來股價走勢要持續上升需要更大的資金或更多的信心才有可能創新高，以右側交易者來說，這時會以**價格**與**帳務**為主要考量，其他都只是列為參考。

右側切入點

〔資料來源：Trading View〕

　　會不斷強調專注於**價格**及**帳務**主要原因是，假設所有分析為的是要推估「價格」，而所有的損益會反應在「帳務」，那為何不一開始就專注在這兩件事上，直接從結果反推來做交易決策。

　　觀察前面的左側交易及右側交易可以發現，長期帳戶在累積資產的過程中是為了等一個相對好的時機，而這個時機點並不常有，可能一年之中只有幾次。短線交易會在結算某支個股之後，將資金轉移到其他標的，但在找尋所謂的右側股票時，要先面臨不斷試單及不確定性的考驗，錢在裡面情緒才會在裡面，價格本身沒有問題，人的情緒才會產生問題。

　　可以由以上的觀察發現，這樣的交易趨近於完美，因此我才把它稱為理想派的交易。左側的時間週期拉長並且在每一次的下跌不被動搖，右側交易時果斷且堅定地順勢買進，這兩套邏輯可以用在同一支個股上面。但相較之下左側的做法較慢，獲利空間也可能較平穩；右側交易的等待時間較少但效益較高，甚至可能會使用到槓桿。這個例子是用同一支個股來分享，但就像前面分享的雞蛋理論一樣，每個人的派對不同，所以自己也會把它分散使用到不同的個股上面，也就是設計自己的混合型交易。

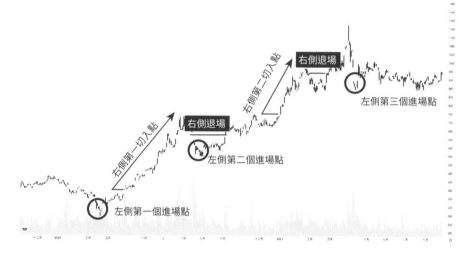

左右側切入點

右側退場

右側第二切入點

右側第一切入點

左側第三個進場點

右側退場

左側第二個進場點

左側第一個進場點

〔資料來源：Trading View〕

矛與盾的交易心態

在交易市場裡可以將投資人分為兩種類型，一個是攻擊型，另一個是防守型。

攻擊型交易人會期望以最大報酬為優先去降低交易的風險，防守型則以風險最小為優先去提高最大報酬，這樣聽起來好像一樣？但在真實的交易市場裡是完全不同的。

攻擊型的投資人會將部位完整投入在市場裡，使用各種衍生性商品極端交易，以最大獲利為優先考量。看錯時，

在損失較小的情況下快速退場，這樣的方式要有一個心理
準備，你現在獲利的金額都將會是你下一次交易的優勢，
也就是說，這樣的做法會不停放大槓桿，並在市場走勢放
緩的時候快速將部位縮小。當市場向下時，會快速地退場，
市場向上時，會快速買回，這樣的進進出出會增加不少的
交易成本，但這也是攻擊型投資人必須承擔的。

　　在做這類的交易時，會花比較多時間盯盤，為的是要
更精準抓到大大小小的轉折點，不管是工具的使用、交易
量的佣收，還是趨勢的走向，在持有高部位的情況下調整，
都會有一定程度的獲利，但相反的是只要市場出現回檔，
就可能會虧損過去幾個月獲利 1/3 ～ 1/2 左右的金額，因
此我會在事前做好心理建設，要等完全退出此筆交易後，
才能計算損益。

　　攻擊型交易的報酬通常較可觀，但單筆虧損也比較
大，有時候甚至會白忙一場，我會選擇在上升速度變慢時
離開，這種交易方式只要成功一次就會有很可觀的獲利，
投資人要很敢買入，也要很敢停損，每次停損的金額都可
能會比上次還要大，期望的是資產等比上升。只不過攻擊
型的交易需要全神貫注，不能有一絲干擾，甚至在這樣的
交易情況下會拒絕接受任何有關投資的訊息，只專心於價

格和自己。

　　防守型的投資人則把重點放在風險考量上，因此獲利空間較小，這樣的交易其實偏慢，但交易心態較穩，也不需要每日關注股市，只需抓準幾次的機會將部位投入，並控制在 20 ～ 60% 之間，達到預期的獲利時慢慢退場，接著再等待下一次的行情，做出重複的動作即可。在一整年的行情之中，一定有幾次防守型交易人進場的機會，其實最簡單的辦法就是等到市場恐慌時，就會是好的進場點。

　　防守型的投資人通常不太需要靠交易市場生活，對於他們來說心態更為平靜，畢竟這也只是生活中的一個補給品，但相較之下這類型的投資人就不會期望獲得幾倍或十幾倍的超高報酬，畢竟會將風險放在第一位。

　　以我的交易生涯來說，初期為攻擊型投資人，但漸漸地資金水位上升後，就轉變為防守型投資人，最後是融合兩種類型成為平衡型交易人，所以交易可以時而緊迫時而淡定，完全看自己想要用什麼樣的狀態去面對這個市場。

8-3

主力的思維

　　很多投資人都希望能多了解主力一點，甚至希望有一天能成為市場的主力，但我們要認清一件事，在交易市場裡主力與有錢人有很大的差異，有錢人之所以有錢不一定是靠市場內的獲利，也就是說要成為主力會需要錢，但有錢不一定是主力。

　　在交易市場中，資金是推升股價的燃料，但還要去思考持有的部位要在法定範圍之內，並且要在不影響經營權的情況下買入，而主力的思維的確跟我們一般投資人不同，連左右側交易的思維都正好相反，在操作上最重要的兩個要點是背後的資金與時間，而概念上主力大致上分為兩種類型。

主力類型

第一類是公司派的主力，這類的主力會配合公司老闆交易，多數的做法是公司高層授予資金或者持股，希望該主力能幫忙獲利或者提升股票數量，這類型的主力會以同成本並增加持股為主要目的，也就是另類的買低賣高。舉例來說，在 100 元賣掉 10 張股票，並在 50 元用同樣的成本買進 20 張股票，這樣的話就能提高股票數量，這種操作手法通常也會配合公司內部消息或市場公開消息去操作，並適時地使用期貨去做部分鎖利，嚴格來說，這樣的做法應該是遊走在法律邊緣。

另一種主力是自然人，這類型的人單純是靠自己的敏銳度跟交易手法去獲利，雖然也會利用市場訊息或者價量轉換去製造騙局，但他們利用的訊息是在發布後，而不是發布前，因此是完全合法的。

主力當沖

以大多數情況來說，大部分的當沖客會在盤中找尋大大小小的轉折點與機會，而主力則是會挑選關鍵時刻當沖。舉例來說，主力會在前日國際股市出現大震盪時，在

隔日選擇市場上受矚目的個股去操作，這突然加入的新資金會影響當日的價格，把常態的走勢變成非常態，使得每日慣性當沖的投資人措手不及，如果是嚴守紀律的投資人會果斷做出應對，但只要有僥倖心態的當沖客就可能面臨大虧損。假設這樣突如其來的價格波動剛好將市場情緒給逼出來時，就有可能使得價格連續漲停或者連續跌停，這時新手投資人很容易就會出現一次性的大虧損，這也是利用股票流動性來操作的一種手法。

以過去的經驗來說，主力利用轉換撮合的方式將價格從平盤撮合到漲停板，在盤中製造假買盤，等市場漲停委託量達到一定的部位時，在盤中的某個瞬間把買進的部位一次賣出，使股價快速下跌，並反手加空下去，下單的瞬間只有短短幾秒，在價格快速向下時再慢慢把空單回補。

這樣的操作手法通常會在十幾分鐘內結束，如果是沒有盯盤的投資人可能來不及應對，而主力會反手加空是因為買方的力道相對薄弱，並且多數部位都是零散的投資人持有，信心也較容易被擊潰，而價與價之間的時間差與空間就是當沖者的獲利空間，這類的交易不需要參考書，而是要隨著市場的變化調整，像這樣的主力當沖假設當日獲利 3000 萬，就表示有其他當沖的投資人虧損 3000 萬，在

不留單的當沖交易上這樣的方式屬於零和遊戲。

> Wade說
>
> 在別人貪婪時，跟著貪婪；
> 在別人恐慌時，更要積極製造恐慌。

主力交易策略

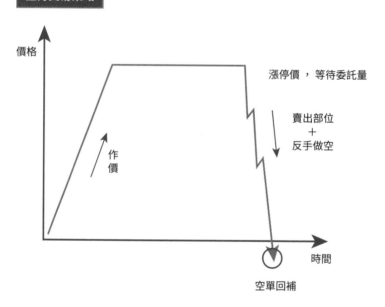

作價的目的是為了要讓價格爬到漲停價，讓投資人擔心買不到而產生貪婪的心態，直到委託量達到一定的數量時，再將原本的部位賣光，並反手製造盤中賣壓。

主力作價

　　一般投資人在講求效率的情況下，在短線交易時會等待股價突破某個平台後才開始積極交易，屬於右側的邏輯，但因為主力的資金較大，有胃納量及短期間在外的市場流通股數的限制，而迫使他們的短線交易會從左側開始再到右側，當價格突破區間時，該股會成為市場追逐的對象，而主力的部位大到一個程度時，積極的買進會讓價格推升得更快。

　　以經濟學角度來說，短期間內在供給不變的情況下，若出現大量需求時價格就會快速推升，這樣的情況會提高持有的成本，反而在後期要賣出的時候會讓獲利變差，因此主力會選擇在股價下跌恐慌的情況下積極買入，原因是一般投資人遇到股價急速下跌時，很容易因為恐慌而快速退場，這時候也會有較多的股票賣出，主力也才能在這樣的情況下買到所需要的部位。若買入的力量夠大，就可以影響到短期的股價，也有可能使得價格暫時回穩，之後再用量價轉換的方式把價格漸漸墊高，這種做法就是利用每日的收盤價去做價格，把左側的走勢買成右側，也就是說，在左側時主力買的都是投資人暫時性的恐慌部位。

　　假設主力的均價成本為 100 元，而這時的股價在 70

元，需要拉抬 4 根漲停板才能開始獲利，主力的操作模式會變成：每天買進一點部位，將價格推升，而在推升的同時將多買的部位賣回，目的只是要在收盤前讓價格提高，製造暫時的股價上漲，但卻使用最少的資金去上調。這樣的做法需要花一些時間，可能幾個禮拜，也可能是幾個月，甚至是幾年都有可能。不過也因為部位夠大，這個獲利條件足以讓他們耐心去操作。當股價慢慢推升到 100 元左右時，再將場外其他的資金開始積極買入，讓價格推升的速度加快，這時候其他的右側交易人也會開始積極切入，主力會在此時利用獲利的部位一起推升股價，直到把原本的持有成本退出之後，剩下獲利的部分繼續參與市場，再拿資金去尋找下一個標的。

主力還有另一種利用流動性來作價的方式。當在盤中觀察到短期間內流動量體更小時，會在一段時間內慢慢買進，直到買到一定的量能之後，開始以左手換右手的方式將價格撮合上去，若此時市場**沒有其他的交易者**時，只要每天掛漲停買進並同時以漲停價賣出，使收盤價維持在最

Wade說

市場常說：有量才有價。但對主力來說，無量才好作價。

高價，這樣只需要花少量的成本就能將股價推升至 10%，整體部位也能上升 10%，而不斷使用相同的方式直到市場的價格高到一定的程度時，自然會有新的買家，此時就能完整獲利**一段極少人買賣**的上漲行情，這個行情可以多長，完全要看短期流動股票的數量以及自己的持有量有多少，但還是有碰過特例的狀況，如該公司經營者用折價方式收購時，交易者就需要承擔損失。

另外，通常流動性差的個股在實際市場無法讓其他投資人用信用交易去放空，因此這樣的方式只會有單一方向的交易者，流動性的大小也就成為了最佳武器。

Wade說

上漲的原因不一定是很多人買，也可能是因為沒有人賣。

主力祕密

每一筆交易背後的「時間」與「資金」是每一位主力的祕密，所以當某一間小型公司已經有其他人在琢磨時，自然也會避開這檔股票讓原本的主力去操作，除非有辦法知道原本主力的資金與時間，才會考量如何去應對，否則

會選擇放棄。所以如果市場上的其他對手知道該主力的資金有多少時,將會籌備更大的資金去影響股價,而原本的主力也就要花更大的力量去影響價格,不過通常這樣的做法會花上更多的資源,以資金效益的考量來說通常都會選擇避開。

時間的祕密也是,如果預計持有的時間被知道的話,其他主力只要在這段時間內把股價壓住不讓股價推升,原本的主力也可能會受傷,另外還要考量到衍生性金融商品的時間成本,在交易市場裡,沒有人是無極限的,外界傳的主力也有一個可交易的資金上限,但因為多數人無法知道主力真正的時間與資金,就容易過度去神化,但這類的消息市場是找不到答案的,沒有任何一個主力想拿自己的鈔票開玩笑。

在前面停損的概念裡有分享到,有沒有辦法永遠不停損,答案是否定的,每個人的金錢與時間都有限。

其實任何一個主力也都會做出停損的動作,只不過多數人認為他有無限的資金跟時間,才誤以為他們可以永遠不停損。對於多數投資人來說,主力的資金與時間是未知的,而未知才會有過多的幻想與猜測,本多不一定能終勝,投資人對於主力不該過度神化也不需過度醜化,他們或許

就在你我的生活之中，在無情的市場面前也僅僅是想盡辦法獲利的投資人而已。而真正的高手會忘記成本、忘記情緒，只在乎如何獲利。

8-4

天才與瘋子

　　過去有些理論和電影都會提到，目前人類腦部使用的比例僅占 1 成，其餘的 9 成都是未被開發的部分，許多人會認為天才之所以為天才，是因為他們大腦開發得比普通人多，但後來的科學研究發現，世界上許多天才只是在某方面有極其特殊的技能，但往往最後會被世俗的規範所排斥，顯得格格不入甚至出現精神狀況。

　　在心理層面上，其實天才比我們一般人更為脆弱，許多音樂天才都在樂曲之中透露出一絲憂愁，我想是因為他們對於事情的專注度與依賴度比我們高上許多，他們可以在自己的領域成為其中的佼佼者，但只要踏出他們的認知範圍之後，將會出現過度敏感或害怕的感受，也因為這樣變得容易受到傷害，可能在一線之間從天才跨入瘋狂。

　　在交易市場中我們都希望找到一個平衡的交易，但卻

都渴望極端值的獲利，不過極端值的操作可能會是天才，也有可能是瘋子，試問有多少人可以為了金錢賭上自己的全部？我們都害怕變成瘋狂，但卻希望自己是那位天才。

英國詩人約翰・德萊登說過：「天才僅次於瘋子。從天才到瘋狂只有一步之遙。」

我曾經跟一位朋友同時交易一支股票，我的做法是右側交易，而他是左側。當時我在價格的下緣放空股票，他則是買進股票，過沒幾天價格突然快速下跌，在這過程中我瞬間加空股票的部位，不過他並沒有停損，反而是耐心等待市場回穩。當我發覺價格沒有持續下降時，也將部位慢慢退場，而這位朋友帳上虧損了 30% 以上。他選擇慢慢買入期貨及現股，將股價推升，並在快達到他的成本價位時，大量買入股票再次推升市場價格，接著快速把期貨及股票部位全部退場，後面這段的操作獲利是很可觀的，也讓他安全退場。我當時才意識到，原來方向不同也可以同時獲利，對於投機客來說，預測會漲還是會跌沒有意義，在我們的眼裡，只要有波動就能在價差上挪出損益。

Wade說

交易市場中沒有標準答案，天才與瘋子也很難去認定。

---

* * *

最後分享一個故事。

不管讀者在哪一個領域中努力，都可能遇見生命中的貴人，他不一定是特別拉拔你或是給你實質協助的人，而是在這領域給你上了重要的課，這堂課你不知道要花多少的時間、多少的代價才能領悟，有人是一下子，有人是一陣子，更有人是一輩子。

我從小就喜歡數字，可能是跟學過珠算或時常在市場幫忙有關，每一次的買賣都會仔細地確認金額，而現在在盤中，也時常可以從數字的變化明顯感受到價格快發動了，這種對於市場的敏銳度其實難以表達，我認為是長久專注於一件事情上所培養而成的判斷能力。

過去我在交易市場中碰到一位貴人，即使當時的我已經千萬資金在市場進出，但是第一次認識他的交易手法時，心裡還是相當震撼，因為那些都是我從沒想過的手法，也讓我對交易市場有更深一層的認識，不管是工具、心態、邏輯、對於掌控人性與數字的平衡，以及像是藝術般的操作都令我相當驚豔，那也是我第一次想成為別人。

他的交易手法非常獨特，但卻沒學習過任何投資理論，所有的交易都是在實際交易市場裡學的，也因為他從

來不與外界接觸，自然也沒有受到書本上理論的束縛，而當時我是極少數能接觸到他的人，他在盤中俐落且果斷的交易，一次次打破我的交易觀，不過這樣的交易很特別但也很可怕，旁人感受不到任何他因為市場價格波動帶來的情緒，在他的身上，也絲毫看不到所謂的恐懼或貪婪，每次我都笑說他是畫家，因為市場的 K 線圖彷彿是他設計的一樣，多數的投資人僅是他畫作裡的一個角色。

　　不過，在他贏得大筆財富的同時，也因為太過投入於交易市場而走不回真實的世界，在他的認知中，真實的世界就只有數字，他用健康和青春換來了無數的數字。而在真實世界裡，沒人認識他，但只要踏入他的交易世界，一定會被他影響。

　　剛認識他時，我不停地思考為何自己的交易總是慢了他一拍，也不斷透過他的數字及敘述去探索過去沒接觸過的交易思維，幾乎付出了一切。漸漸地，我與他的距離越來越近，到最後也幾乎能在不接觸他的情況下，從市場上的數字看出他的交易節奏，經過無數次的調整，最終也在市場裡找到專屬自己的交易節奏。現在回頭想想，當時他付出的比我多更多，對我來說，他就是瘋子與天才的平衡點。

　　不過，在認知到這條路繼續走下去所需要的犧牲與代價之後，我決定切割帳戶，修正這條交易之路。對他來說，交易市場就是他的所有，而我不希望在未來的日子裡犧牲所有的生活，因為對我來說交易僅是人生其中的一部分。

　　我之所以敬佩他，是因為我們都沒有家財萬貫的背景，沒有市場外的資金可以讓我們任意揮灑，這數十年來，他一如往常地交易，一如往常地貫徹一致性，也從沒聽過他抱怨任何一次買賣。在他身上，我學會捨棄對交易沒有幫助的訊息，專心於自己的交易，在市場裡出現的問題都必須靠自己解決，一心才能一億。

　　在那段極端交易的日子裡，雖然痛苦，但這些寶貴的經驗早已無法用金錢衡量。在我寫書的同時，這位朋友依然是市場內最頂尖的交易人之一，此刻每日的決定已是上億起跳的損益。在我成長的同時，他也在成長，我們都期望各自能在不同的交易路上發光發熱。

　　交易讓我開拓了對金錢的視野，帶來了不同的投資思維，也學會了永遠謙遜地看待金融市場，在這些頂尖交易的背後並不是只有外界所看到的光鮮亮麗，而是一連串多數人承擔不起且刻苦銘心的風險。

　　在了解到天秤兩端的極端交易之後，讀者可以思考看

看：如果現在有一個機會讓你選擇，要你在人生最精華的
20 到 50 歲這 30 年關進一個小房間裡，等出來後給你一
枚硬幣，正面會給你無限的財富，反面什麼都沒有，你，
願意賭嗎？

本章重點
---

1. 股市的行情就像水溫，初期會像冷水般寂靜，等到未來加熱（上漲）時，會緩慢地像溫水般向上爬升，直到預期的好消息開始確立時，價格就會吵鬧地像是沸騰的熱水。

2. 不同的階段會有不同的操作方式，在冷水區需要多一點耐心等待，溫水區則要有追價的勇氣，到達熱水區時交易會變成比較隨性。

3. 在找尋所謂的右側股票時，要先面臨不斷試單及不確定性的考驗，錢在裡面情緒才會在裡面，宏觀來說價格本身沒有問題，人的情緒才會產生問題。

4. 真正的高手會忘記成本、忘記情緒，只在乎如何獲利。

5. 在交易市場中我們都希望找到一個平衡的交易，但卻都渴望極端值的獲利，不過極端值的操作可能會是天才，也有可能是瘋子，我們都害怕變成瘋狂，但我們卻希望自己是那位天才。

市場沒有新鮮事
故事才正要開始

經驗包括了知識、技巧、體驗或觀察某項事物後所獲得的心得，讓我們能夠應用在往後的各項事務。這些以前獲取的知識技巧，特別對於工作或教授學問上來說相當重要。各個領域舉凡教育、軍事、旅遊、手術、體育和醫藥等的專家，大都是以經驗來評斷未來可能發生的事件。經驗，這個詞雖然有點抽象，但它也是交易市場中不可或缺的。

　　在前面章節我分享了許多交易策略，但實際操作時的心理狀態是難以分享的，交易市場中最難的並不是找出一套賺錢的投資方式，而是如何堅持並正確地執行這些方式，多數時候取決於信心與經驗，但這兩者都需要花大量時間去累積。

9-1

經驗不驚豔

　　在交易市場裡，歷史的走勢會重演，但每次的事件不同、個股不同、參與者也不同。

　　對於一個剛加入市場的新鮮人來說，每一件事情都是新鮮的，每一次的極端漲幅都是驚豔的，每一次的恐慌下跌都能學到經驗。

　　從古至今，交易市場中有各式各樣對市場與股票的分析，不管是總體經濟學、個體經濟學、統計學、程式交易或價值投資派、殖利率派、投機短線派、成長股派、牛皮股派，都有專屬的一套做法。但幾十年過去了，究竟哪一種方式可以獲得最多的財富呢？

　　其實每種派流都會有佼佼者，也會有失敗者。

　　在每個時期的市場、產業、甚至是個股都有其中的高手，我們不能單以自己的所見所聞來評斷市場的全貌，因

為未知的事物總是比我們想像的多很多。

　　過去市場主力與此刻的做法不一定完全相同，每個時期也都會有不同個性的主力，工具的使用自然也會截然不同。1997 年，期貨交易剛上線，也才有了更豐富的多空操作策略，市場整體環境的演變非常快速，隨著市況的不同，當時的主流派別也會隨之改變。我們必須尊重每個派別，因為這些派別可能是某個時期的最佳方式，也可能是未來的主流派。

　　許多新加入的投資人都太過於追究股市上漲或下跌的原因，而讓自己陷入泥沼之中，但很多的真相都是網路上查不到的，必須真的在市場裡才能看到不同的角度。

詐騙的老 K

　　撲克牌的 4 張老 K 分別代表凱撒大帝、查理曼大帝、亞歷山大大帝和大衛王，而交易市場中的老 K 是日本發明的 K 線，又稱「陰陽燭」、「蠟燭線」，它是反映價格走勢的一種線圖，特色在於一個線段內記錄了多項訊息，讓投資人容易讀取，並廣泛用於股票、期貨、貴金屬、數字貨幣等行情的技術分析，俗稱為 K 線分析。

　　許多人時常會看 K 線圖來分析市場，但有很多事情是

K 線無法看出來的，也因為這樣時常會有人被 K 線圖給欺騙，尤其台灣股市有漲跌幅限制，更容易因為人為關係使得 K 線裡的走勢比表面上看到的還精彩。

　　舉例來說，一支個股前一天收盤價為 100 元，今日開盤跌停價會是 90 元，漲停價為 110 元。假設今天開盤股價直接跌停，主力鎖定了該股票之後，在盤中以跌停價 90 元大量買進，慢慢將價格向上推移（此方式稱為作價，即利用一買一賣將價格墊高），接著把價格拉到漲停板 110 元，在最後一小時之內又把部位賣光，並將價格留在最後一盤的 110 元。在操作手法上，透過一買一賣把股價向上推升，再把價格的最後一盤收在 110 元，那麼今日的帳務損益就會是獲利的，而這樣的走勢會讓單以 K 線判斷走勢的人誤以為是爆大量反轉的走勢，但實際上該股票已經從原本單一持有人轉移到多數小額自然人手裡，這時多數的持有人可能都是因為看到紅 K 而進場，即使是帶量長紅的走勢，也會因為持有人的信心不足開始動搖，所以未來該股只要沒有更大的力量進入，價格自然就無法持續推升。

　　以上這樣主力一次大量買進的有效操作產生了 22% 的獲利，已經達到投機客的目標條件，而主力在退場後也就不在乎是長紅還是長黑了。

　　這裡稍微解釋一下，我們都以為在跌停 10%、漲停 10% 的限制下，最多就是獲利 20%，但真實的狀況是，因為投資人在 90 元才開始參與這場交易，並不是 100 元開始的，所以以 90 元的價格買入，110 元的價格賣出，實際上獲利並不是 20% 而是 22%（110 – 90 = 20 元，20 / 90 = 22.22%）。

　　比起多數人小心翼翼買個不痛不養的部位，投機客通常考量的是價量與機會。如果運氣好，市場開始追逐該股票時，隔日通常開高走高的機率較高，那麼主力可能在短短的幾天之內獲利率會超過 30%，而他們在判斷是否要這樣做的同時，會考慮到這筆交易獲利的可行性有多少。

　　由此可知，單以 K 線去判斷股票的走勢，相當有難度，雖說 K 線是以統計真實數據而來的，但其中的變化會因為 K 線的表現方式及特性而無法被完全表現在圖表上。而且我們無法統計出每個人對於該股的信心程度，因此這樣的統計就會有些出入。依照我自己的做法是會盡量避免先入為主的觀念，將股票單純地分為正在上漲中以及正在下跌中的股票，並依照後續的價格走勢做進一步的判斷，最後操作手法及部位控管將會是影響獲利的重要因素。

　　對於大多數投資人來說，交易時需要謹慎思考及參考

多面向的資料，只要能多知道一點，就有機會分辨出其中的差異，也就不會被那老 K 給騙到。

順市場與反思維

逆著市場交易，很勇敢但不那麼明智；順向思維很輕鬆，但總是令人不安。

在我自己後來的交易經驗中發現，把觀念改成順著市場但反思維，將會有截然不同的視野。在交易市場中，走勢一旦確立就很難因為單一因素使它反轉，在多頭行情的風口上，可能連恐龍都能飛，逆風而行的交易會讓投資人遇到更多困難，盲目的順思維，會讓投資人無法擁有獨立思考的能力。

① 順市場

如果遇到一支正在上漲的股票，它的順就會是多方，不過正在上漲中的股票通常不會垂直向上攀升，而是像爬山一樣，有上有下，當我們在挑戰高峰時，會順著山的坡度上上下下地走，但如果想要走捷徑的話，通常會遇到較陡峭的坡度，風險也相對較大。當上坡的坡度越陡時，越

要記得深吸慢吐，不要短淺呼吸，重點是要找到自己的節奏。新手跟老手最大的差別就在於步伐的調整，老手清楚知道要走到山頂之前需要經歷不少的起伏，緩緩地上漲將會有更可觀的行情，才有更高的機會登峰。

2 反思維

科學家們經過觀察後發現，羊群是一種散亂無序的組織，眾多的羊待在一起總是會鬧哄哄地左衝右撞，但有趣的是，只要有一頭羊動起來，其它的羊就會不約而同地走同一個方向，不管前面是鮮美的青草還是兇惡的狼，人們將這種現象稱作「羊群效應」，也被稱為「從眾效應」。在交易市場中，這樣的做法就會是危險的順思維思考模式。

羊群效應除了順從以外，也會有失敗一起分擔的心態，寧願共同犯錯，也不想獨立承擔，最後選擇跟著大家一起走，這一方面是對自己缺乏自信，另一方面也是因為不敢做出與眾不同的決定，以免被孤立，也就造就了人們的從眾心理。

在交易市場中最容易帶領羊群的東西就是**訊息**，而反思維的概念會讓人有更多獨立思考的能力。通常在已經上

漲一段行情的股價走勢中，出現了一個已知的好消息時，市場的價格反應會激烈地上漲，而這時候較容易出現股票市場的暫時高點或是歷史高點，因為訊息衝進來的多數是不經思考的羊群。而在一段下跌行情的走勢中，出現了一個已知的壞消息時，市場的價格反應會激烈地下跌，這時通常是該公司的暫時低點或歷史低點。這裡並不是要投資人反訊息交易，交易市場並沒有這麼容易，而是投資人要知道，不要讓突如其來的訊息破壞我們原有的獨立思考能力。而且，**那些所有人都知道的好消息，在知道的那一瞬間早已失去了它的價值。**

在交易市場中我們不需要成為那個特立獨行的羊隻，而是跟著大家一起走，但在走的過程中保持清醒，順著走，但思維獨立；跟著大家一起去吃草，但看到大野狼時要比別人離開得早。

同一個買賣，不同的心態

漲多可以是減碼的理由，但不能是放空的條件；跌深可以是回補的理由，但不能是做多的條件。

創新高的股票容易創新高，下跌中的股票也有較大的機率持續下跌。漲多可以是減碼的理由，意思是如果投資

人持有了一檔上漲中的股票，心中主觀認為此價格已經漲多了，就可以成為減碼的理由，但要切記不能把它列入放空的條件，以心態上面來說，減碼是一種獲利的表現，但放空是建立新的遊戲，不能混為一談。

在一筆新交易的開頭，我最在乎的是**如何在一開始就拿到優勢**，假設一開始就處於劣勢，心態上就不會是如何將獲利放大，而是該如何不賠錢。在這樣的心態下很難有大筆的獲利。但若是可以在一開始取得優勢，就能把專注力放在如何放大獲利，使自己維持一個正面心態，在後續的交易也較容易做出正確的動作，也因為這樣在建立新的部位時要由小到大再放小。

當股價走勢出現了超乎預期的行情時，我們可以把這個超乎預期的漲多當作退場理由，但不可以作為做空的條件，因為這個多我們不知道會是多少，如果以做空概念來反向切入，很容易讓投資人不知道如何退場，也就會失去一開始所拿到的優勢。交易市場不單單只是數學邏輯，多數時候都會超出你我的想像，而投資人的交易心態則會讓結果有所不同。

跌深的股票可以是回補的理由，在急速下跌的過程中，投資人會將空單部位獲利回補，但不能將跌深作為一

個買入的條件，我們不能預設股票的跌幅而去買入，因為這個深沒有人可以預測有多深。

但對於做空的投機客來說，跌深後的股價再下跌的空間較少，意思是假設一支股票從 1000 元跌到 20 元時，再下跌的空間就剩不到 20 元，放空的獲利空間也相對更小，當然可以將部位等比放大創造出一樣的效果，但不要忘記了實際的交易市場還有流動性的問題，期貨市場也不一定有足夠的量能讓投資人參與，因此對於做空者來說，把跌深當作空單回補的理由是可以的，但如果當作做多的條件反而是不妥的。

買進一支跌深的股票很難在短時間快速上漲，因為在更高的價格上有許多被套牢的投資人，在未實現虧損投資人較多的情況下，股價上漲的速度也會較緩，反觀來說市場對於創新高或歷史新高的股價就會較有追價意願，也容易吸引到更多的投資人參與，以比較利益原理來說，強勢股會比反彈股更有無限的想像空間。而長期套牢的投資人很有可能會在幾年之後的某一天，因為多年的煎熬而失去耐心，選在達到損平的前一刻出清，將這幾年的時間成本都奉獻出去。

在交易市場中，千萬不要因為便宜跑去買，也不要因

為漲多而跑去空,不要將想像力限制在你我的價格之間。假設一間公司股價長期在 30 ～ 50 元之間震盪,單以數字邏輯來看,靠近 30 元的時候買進,接近 50 元的時候賣出,這樣的情況下會有買低賣高而形成的損益;但當股價突破 50 元、100 元,甚至是 1000 元時,投資人對於創歷史新高的股價會有更多的想像空間,而這個想像力也是投資人夢寐以求的行情。

投資癮筆記 ■

愛因斯坦:「邏輯會帶你從 A 點到 B 點,想像力將把你帶到任何地方。」

學會不交易比交易更重要

當你感到交易無聊時,這樣就對了。

過去使用各式各樣的金融工具,不管是權證、選擇權、股票還是期貨,每一項金融商品的操作模式完全不同,但每當我做了某些無聊且重要的決定時,這筆交易通常會成功,而當我對某幾筆交易開始感到激動且富有情緒時,這筆交易注定會失敗。

後來我才發現是資金控管以及預期心理的問題，當資金控管不良時會被眼前的數字給影響，極有可能因為小小的震盪就做出錯誤的判斷，當你過度在意某幾筆交易時，會被一些無謂的訊息給影響，甚至會開始關心那些不該關心的事情。

曾經有一段時間，觀察台股期貨的夜盤走勢和國際股市之後，發現不一定會跟隔天的台股市場一模一樣，意思是美股今晚如果開高走高，夜盤期貨通常也會跟著大漲，但並不代表隔天的台股加權指數會收高，也不代表所有的股票都會上漲。多數投資人都知道走勢的可能性，但市場往往不一定會這樣走。即使國際指數的大方向雷同，但每日的走勢卻不一定相同，更何況加權指數的表現也不一定跟個股表現相同，個股表現也會受到其產業的影響，因此即使同產業也會因為大型股或小型股而有所不同。這些種種不同的因素，都有可能影響投資人帳務損益，對我來說會納入參考，但不是絕對，我有無數次在半夜盯著美股及夜盤期貨預判隔日的走勢，甚至做出多空部位的調整，隔天都會發現這些動作沒有任何意義。

當出現整體市場的大變動或是看不清楚狀況時，最好的方法就是什麼都別做，因為在懷疑之中做出的決定，都

會是一個令人懷疑的決定，不管好的或壞的都有可能會讓投資人猶豫不決，在交易的後期會發現，那些最正確的交易行為都是在那些不交易的日子中思考來的。

不交易有兩個理由，第一個是看不清楚所以不交易，第二個是等待優勢而不去交易。

看不清楚又過度交易，只會更看不清楚；等待優勢則是為了用耐心換信心。我也曾在多年前不斷追逐交易量，但後來回頭看，如果當時不去交易反而獲利更可觀。但這樣的數字追求很難讓人收手，在交易的這些日子裡，我學到最重要的一課就是在能交易的時候，選擇不交易，也會記得在適當的時候懂得收手，才會是高手。

我們可以學習各個門派的做法，去找尋一個適合自己的，而不是那個完美的。在交易市場中，每種派別的高手都沒有辦法做到完美，但都會在他的領域表現優秀，完美的意思是你希望能賺取全市場所有的錢，但你我都知道不可能。而優秀是指賺取我們認為合理的報酬。投資人容易盲目追求市場的聖杯，而將自己手上的水杯給打翻，在市場一段時間之後，你會發現這市場沒有新鮮事，但總有新鮮人來創造新鮮事。

9-2

投資上癮

經歷會影響面對風險的態度

　　身為在傳統市場長大的孩子，對於人與人之間的敏銳度會比多數人高上許多，要在相對複雜的環境中生存，是市場孩子的必經之路。穿梭在市場裡嬉鬧的那些日子裡，我看著身旁的大哥大姊日曬雨淋地辛勤工作，也讓我理解到在市場裡要先學會生存，才能追求更好的生活。就像在交易市場一樣，先學會不賠錢，再開始想獲利，學會獲利後，再追求數字及心態上的穩定，接著再往下一步前進。

　　就學時期，我不喜歡充滿框架的教學方式，總是喜歡天馬行空地問為什麼，不是不喜歡唸書，而是書本裡的標準答案與我格格不入，後來，我迷上了充滿想像空間的籃球，在球場上沒有公式可以套用，需要的是天分、努力、

熱情還有想像力。

　　到當兵時期，我想要一個與眾不同的軍中生活，多數人對於特種部隊避而遠之，但我為了學潛水，反而志願參加水下作業大隊受訓。受訓期間挑戰了不熟悉的潛水領域，一點一滴地開始。在訓練時除了體能上的挑戰，更受用無窮的其實是意志力的訓練。寒流來時要從高處跳入冷冰冰的海中，是需要極大勇氣的，而且受訓期間不管你的泳技如何，在海裡都渺小得像幾乎不存在。我們不能決定海象，但可以順著海更靠近我們想去的方向。其實在交易市場中也是，市場的行情如海象般波濤洶湧，時而來、時而去，我們不該逆勢而為地乘風破浪，反而要懂得隨波逐流，才能更快到達我們心目中的財富自由。

　　在自己交易的初期，只拿著微薄薪水去交易，即使嘗試失敗了也不要緊，內心抱持著「下個月公司還會發薪水」的心態。直到離職後，當每一筆獲利都會影響我的生活時，對交易才有更多的感受。

　　這也很像是當兵時訓練班跟實際救難的差別。在訓練班如果放棄了就會被調到其他單位，但實際救難時，放棄後可能會危害到自己的生命安全。兩者都有困難之處，但心態上截然不同。自己在金融業的那段日子，就像在訓練

班一樣，而在全職交易後，交易則變得像生命一樣重要。因為在交易市場裡，所有人都在想盡辦法獲利，沒人會想犧牲自己的利益去成就他人，因此如果太善良的話，一開始就不該進入交易市場。

投資癮筆記

走進房間，你如果不知道誰是獵物，那你就是獵物。
—— Michael W. Covel，《趨勢誠律》作者

設計自己的投資遊戲

交易市場很公平，它會讓你自己決定**想要**用什麼樣的方式交易，在我一開始資金不足時，由高風險的衍生性商品開始交易，就像科斯托蘭尼所說的：「有錢的人可以投機，錢少的人不可以投機，根本沒錢的人必須投機。」

我在歷經了這幾年的交易後，發現有錢的定義因人而異，1000 萬有錢、2000 萬有錢、1 億也有錢，但當你有了 1 億後會發現擁有 10 億、100 億的人大有人在，而有錢的定義太模糊，我認為能達到心靈富足與金錢的平衡點時，就是有錢了。當達到這樣的狀態時，就可以**選擇**要不

要投機。

在交易的路途中，我一直都是一個人在研究，一個人在交易，一個人在恐慌，一個人在貪婪，在出社會那年我就告訴自己，要跟別人走不一樣的路，在這條未知的道路上，我要開拓出屬於自己的道路。因此，我時常做出與眾不同的事，旁人或許會認為我是瘋子，但很有趣的是，交易市場中瘋子比我們想像的多太多。

在金融業那幾年，我也看過不少的專業人員有著凌亂不勘的交易策略，因此自然對於他人掛在嘴邊的損益數字抱持著存疑的態度。在我的眼裡，數字從不騙人，只有人才會說謊。

這本書裡沒有利用獲利金額來吸引讀者目光，就像書中前面提到過的，我已經將那些令人血脈噴張的獲利數字，在夜晚靜靜地淬鍊為文字。本書的分享以投資人對於金融商品的定義為開端，引導讀者思考自己要選擇的是**存錢**還是**價差**，接著根據個人的風險屬性決定自己的交易策略為**左側**或**右側**，再來依照每個人不同的經驗程度來切割**價格、部位、時間、空間**，這同時也對應了股票到衍生性金融商品的難易度。最後，等投資人設定好自己的投資遊戲時，再進一步探討**交易心理**以及**生活與投資的平衡**。

　　投資觀念與交易策略可以相互學習複製，但交易的經驗與心態沒辦法完全複製，也無法量化，金錢遊戲裡很多事需要自己去體會才能真正的理解，而釐清後你會發現，投資可以很難也可以很簡單。將自己的屬性認定好，接著再堅持**一致性、不比較**，才能**設計出自己的投資遊戲**，成為市場裡那個獨一無二的投資人。

正要開始

　　當我開始全職交易之後才發現，交易市場是一個矛盾卻又令人著迷的世界：

> **你必須謹慎，卻要有一點瘋狂。**
>
> **你必須愛錢，卻要跟錢保持距離。**
>
> **你必須理性交易，卻要有一點感性。**
>
> **你必須自信，卻要在獲利時不去自負。**
>
> **你必須學會停損，卻要盡量避免大停損。**
>
> **你必須懂得獲利，卻不能期待一直獲利。**
>
> **你必須對交易熱血，卻要對其他投資人冷血。**
>
> **你必須誠實面對自己，卻要在交易數字裡學會騙局。**
>
> **你必須清楚自己在幹嘛，卻無法說清楚自己在幹嘛。**

　　從交易的第一天起，我從沒想過自己能走到哪裡，當時心中財富的終點離我太遙遠，所以只能專心於眼前的事物。有時我覺得自己很幸運也很不幸，在我人生最大的轉捩點時，遇到交易上的貴人，也因為交易改變了自己生活的水平，讓自己暫時不需要為下一餐溫飽煩惱。但不幸的是，我離開了原本的舒適圈，使得身心靈都受到了極大的折磨，挑戰了世界上最多人著迷的金錢遊戲，進去後差點走不出來。一直以來我都非常熱愛交易，除了數字上的喜悅之外，更喜歡看對時的快樂，但當我接觸的面向更廣、接觸的人更多時，才發現比起數字上的成就，我更在乎生活的平衡。

　　於是，我走向不一樣的道路，決定不再極端地交易操作，想要體會美好的真實生活，將部位完整分出長期投資與短線交易，將生活與投資完全分開。而過去的交易經驗早已滿足自己對交易市場的想像，當知道事情的真相時，看待那些受到過度吹捧的成功交易也就能淡定一些，因為一個成功交易者所需要的犧牲並不是多數人能承擔的，但市場卻沒有人想探討。如果此刻的你還在羨慕那些傳奇交易，這本書可以讓你看到更真實的一面。不同的選擇都會帶你走向不同的道路，如今我們都在享受自己的選擇，期

望我們能在不同領域發光發熱。

　　我是透過分享才慢慢從投資癮走了出來，所以寫書是希望能用我的經驗分享給各位，不管是好的經驗還是壞的經驗，讓多數人可以更理解交易中的酸甜苦辣，最重要的是，希望能透過這些失敗的經驗讓讀者有所體悟。在交易的路上成功的案例太矯情，分享其中錯誤的經驗才能幫助更多的人，不管你在投資的哪個階段出現了迷茫感，都可以將這本書拿起來翻一翻，或許有一段話，或是一個故事能讓有投資癮的你走出來。當年的我需要一條救命繩但我找不到，所以決定自己開始編織這條救命繩。

　　投資的目的是用來豐富我們的人生，避免掉入金錢的束縛，在設定每一個屬於自己的投資遊戲時，請以自己出發，不該完全複製他人成功的例子。如果真的要進來交易市場，記得要由內而外地去體會交易的意義，不與任何人比較，並清楚知道自己要什麼。在交易市場裡投資人來來去去，但市場依然存在，投資是一連串成長的過程，而投資的精髓是你的看法比他人的看法更重要，在交易的道路上也不要預設財富的終點，因為它可能會是新的起點。

　　在千萬資金以前，花最多錢的地方在股票；在千萬資金以後，花最多錢的地方是經驗。讀完本書之後，不一定

能為你帶來千萬的財富,但你一定能在書中獲得超過千萬
的交易經驗。

　　你我的故事才正要開始——

投資癮　Wade

本章重點

1. 逆著市場交易，很勇敢但不那麼明智；順向思維很輕鬆，但總是令人不安。在多頭行情的風口上，可能連恐龍都能飛，而逆風而行的交易會讓投資人遇到更多困難，盲目的順思維，會讓投資人無法擁有獨立思考的能力。

2. 新手跟老手最大的差別就在於步伐的調整，老手清楚知道要走到山頂之前需要經歷不少的起伏，緩緩地上漲將會有更可觀的行情，才有更高的機會登峰。

3. 漲多可以是減碼的理由，但不能是放空的條件；跌深可以是回補的理由，但不能是做多的條件。

4. 無聊且重要的交易決策通常較容易成功，若對某筆交易開始感到激動且富有情緒時，這筆交易注定會失敗。

5. 投資的目的是用來豐富人生，避免掉入金錢的束縛，在設定每一個屬於自己的投資遊戲時，請以自己出發，不該完全複製他人成功的例子。

國家圖書館出版品預行編目資料

投資上癮：人氣Podcast節目「投資癮」製作人，教你突破交易心魔，
　設計自己的投資遊戲／簡瑋德 著. -- 初版. -- 臺北市：商周出版，城邦
　文化事業股份有限公司出版；英屬蓋曼群島商：家庭傳媒股份有限公
　司城邦分公司發行，民110.11
　　面：　公分
　ISBN 978-626-318-016-1（平裝）

　1.投資　2.個人理財

　563　　　　　　　　　　　　　　　　　　　　　　　　110016049

投資上癮：

人氣 Podcast 節目「投資癮」製作人，教你突破交易心魔，設計自己的投資遊戲

作　　　　　者／	簡瑋德
企 劃 選 書／	劉俊甫
責 任 編 輯／	劉俊甫

版　　　　　權／	黃淑敏、吳亭儀
行 銷 業 務／	周佑潔、周丹蘋、黃崇華、賴正祐
總 編 輯／	楊如玉
總 經 理／	彭之琬
事業群總經理／	黃淑貞
發 行 人／	何飛鵬
法 律 顧 問／	元禾法律事務所　王子文律師
出　　　　　版／	商周出版
	臺北市中山區民生東路二段141號9樓
	電話：(02) 2500-7008 傳真：(02) 2500-7759
	E-mail：bwp.service@cite.com.tw
發　　　　　行／	英屬蓋曼群島商家庭傳媒股份有限公司城邦分公司
	臺北市中山區民生東路二段141號2樓
	書虫客服務專線：(02) 2500-7718 · (02) 2500-7719
	24小時傳真服務：(02) 2500-1990 · (02) 2500-1991
	服務時間：週一至週五09:30-12:00 · 13:30-17:00
	郵撥帳號：19863813　戶名：書虫股份有限公司
	E-mail：service@readingclub.com.tw
	歡迎光臨城邦讀書花園　網址：www.cite.com.tw
香 港 發 行 所／	城邦（香港）出版集團有限公司
	香港灣仔駱克道193號東超商業中心1樓
	電話：(852) 2508-6231　傳真：(852) 2578-9337
	E-mail：hkcite@biznetvigator.com
馬 新 發 行 所／	城邦（馬新）出版集團 Cité (M) Sdn. Bhd.
	41, Jalan Radin Anum, Bandar Baru Sri Petaling,
	57000 Kuala Lumpur, Malaysia
	電話：(603) 9057-8822　傳真：(603) 9057-6622
	E-mail：cite@cite.com.my

封 面 設 計／	FE設計葉馥儀
圖 文 協 力／	楊為媛
排　　　　　版／	新鑫電腦排版工作室
印　　　　　刷／	高典印刷事業有限公司
經 銷 商／	聯合發行股份有限公司
	電話：(02) 2917-8022　傳真：(02) 2911-0053
	地址：新北市231新店區寶橋路235巷6弄6號2樓

■2021年（民110）11月初版
■2023年（民112）10月17日初版11刷

定價 400元

Printed in Taiwan
城邦讀書花園
www.cite.com.tw